江西通史

——隋唐五代卷下册

目
錄

第一章｜政治經營與軍事鬥爭

第三章 | 經濟繁榮與中部崛起

第五章——

佛法鼎盛與道教

風流

　　隋唐五代中國宗教進入全面繁榮時期，以佛、道為代表的宗教宗派競立、學理爭鋒、信徒激增。江西地區適應宗教發展的主客觀條件較優越，多種宗教或教派在此積極活動，有的雪泥鴻爪，有的則濃墨重彩。其中佛教以南禪宗為主，創造出中國化最具體最深入的洪州禪系，繁衍出特色鮮明的「五家七宗」。道教在漢魏六朝的基礎上繼續興盛，形成了以廬山、龍虎山、洪州西山等為中心的道教發展與弘傳基地。此外，洪州在中唐還傳播過摩尼教[1]。江西地區彌漫著濃厚的宗教氛圍，民眾心靈中充滿著佛道情結。

第一節 ▶ 佛教諸宗興起與傳播

　　隋與唐前期，統治者視佛教為「替國行道」的重要途徑，注重發揮宗教治國化民的功能，對佛教基本採取宣導與扶持的政策，江西佛教在六朝的基礎上全面發展，呈繁榮之勢。突出表現是佛教各宗派尤其是南禪宗極其活躍，競相發展與傳播，為唐中期的江西禪宗大發展準備了條件。

一　隋佛教興國與江西佛教的發展

　　隋文帝楊堅幼年受尼智仙撫養，在滅周建隋的過程中，佛教

1　《資治通鑑》卷二三七「唐代宗大曆六年」條記，洪州曾置摩尼教「大雲光明寺一所」，說明江西地區有摩尼教徒活動。由於該教對江西影響不大，加上相關史料闕佚，本章不作敘述。

又給予了強大的精神力量，遂親佛而佞佛，並把佛教作為興國護國的思想武器。開皇元年（581 年），文帝登基伊始即詔境內之民，任聽出家，營造經像。開皇五年（585 年），詔法經法師於大興殿受菩薩戒，敕謂「佛以正法付囑國王，朕是人尊，受佛付囑，自今以後迄朕一世，每月常請僧隨番上下，入內講經，每夜行道」[2]。開皇十一年（591 年），詔僧靈祐曰：「朕遵崇三寶，歸向情深。恒聞闡揚大乘，護持正法。……故遠召法師，共營功業。」[3]開皇二十年（600 年），下詔保護佛道造像，「敢有毀壞偷盜佛及天尊像、嶽鎮海瀆神形者，以不道論。沙門壞佛像、道士壞天尊像者，以惡逆論」[4]。此外，隋文帝又敕撰《眾經目錄》，仁壽元年（601 年）分送天下五十三州各建塔奉藏。仁壽四年（604 年）又分送舍利於三十餘州立塔藏之。隋文帝重佛教的直接結果是促使佛教迅速繁榮起來。其在位期間，全國度僧尼二三六二〇〇人；各州建寺塔三七九三所（一說 5000 餘所）；新造佛像一〇六五八〇軀（一說 60 萬軀），修治故像一五〇九〇〇〇餘軀；組織譯經論五〇〇卷；令京師和大都邑官寫一切佛經藏於於寺，計四十六藏一三二〇八六卷。朝廷佞佛而大作功德，天下風從，一時民間所寫佛經多於儒家六經數十百倍，修故經三八五三部。隋煬帝楊廣雖不如其父佞佛，但同樣以佛教作為

2　釋法琳：《辯正論》卷三《十代奉佛上篇》。
3　釋道宣：《續高僧傳》卷九《釋靈裕傳》。
4　《隋書》卷二《高祖紀下》。

治國化民的重要工具。早在作晉王總鎮揚州時，致力於安定江南佛教界。開皇十一年，迎請南方佛教代表人物、天臺宗實際創始人智顗（538-597 年）至揚州設千僧會，並依智顗受菩薩戒。智顗奉楊廣為「總持菩薩」，楊廣則尊智顗為「智者大師」。楊廣於王邸立寶台藏，圖高僧形象，立四道場，改稱佛寺曰「道場」，改稱道觀曰「玄壇」。楊廣登基後令智果於東內道場撰諸經目錄，修治故經六一二藏共二九一七二部；造佛像三八五〇軀，治故像一〇一〇〇〇軀；度僧尼六二〇〇人。

隋皇朝國祚三十餘年，思想文化方面沒有大多的建樹，唯獎掖佛法，推行佛教興國的政策，使佛教成為統一國家的精神支柱之一，堪稱這個時期最重要的文化現象[5]。借用隋唐之際名僧法琳的話來說是「時君敬信，朝野歸心」[6]。在統一全國的初期，隋文帝踐行「關中本位」政策，對江南佛教予以較大的限制，曾引起了江南佛教徒的強烈反對以至武裝叛亂。為了撫定江南，鞏固統一大業，隋文帝對江南佛、道予以了保護，儘管力度較北方要弱。隋煬帝一改「關中本位」思維，更為重視對江南佛教的招撫，給江南佛教新的發展契機。六朝以來欣欣向榮的江南佛教雖遭侯景之亂、西魏破江陵以及隋統一過程中的沉重打擊，受到極大的破壞，但因佛教基礎深厚，又得隋統治者扶持，頓時復興。在隋代興佛和南方佛教重振的歷史進程中，江西佛教在外來高僧

5　參李文瀾：《湖北通史（隋唐五代卷）》，華中師範大學出版社一九九九年版，第 51 頁。

6　顏宗：《法琳別傳》卷上。

的推動下，也有了一定的發展。

　　六朝以來，廬山就是佛學中心。隋代廬山仍是僧徒們的響往之地，江南不少高僧活動於此，大弘佛法。開皇九年（589 年）正月，隋滅陳之際，智顗領徒眾從建康徙居廬山東林寺，十一年受晉王楊廣之請去揚州，十四年復還廬山，十五年重返天臺。智顗深受陳、隋兩朝帝王寵信，並被隋煬帝尊為「智者大師」。智顗融合當地南北佛教的特點，強調「止」「觀」

‧智顗

並重，提出「一念三千」和「三諦圓融」等觀點，大講《法華經》、《大智度論》、《般若心經》、《摩訶止觀》、《仁王經》等佛典，迎合了中國大一統的政治需求。智顗一生除說法傳徒，創立宗派，發展佛教外，還勤於筆耕，著有《修習止觀坐禪法要》、《六妙門》、《金光明玄義》、《金光明文句》、《觀音玄義》、《觀音疏》和《法華經玄義》等，影響江南江北。智顗門下一批弟子，或隨師或自行來到廬山，修行弘法。法京（普明），開皇九年隨師住廬山東林寺，苦節行，年八十六終於廬山。大志（567-609 年），俗姓顧，會稽山陰人，師從智顗。苦節自專，禪誦為業。開皇十年入住廬山峰頂寺，誦《法華經》，後建靜觀道場，行頭陀業，食餅果充饑，七載不斷。晚住廬山福林寺。據《續高僧傳‧大志傳》載，隋大業五年（609 年），煬帝詔汰僧道，大志變服毀形，頭攬《孝經》，誓願：「盡此形骸，申明正教！」

遂往東都上表曰：「願陛下興顯三寶，當燃一臂於嵩岳，用報國恩。」煬帝許之。大志遂燒臂殉教，終使煬帝停行汰僧令。唐朝廬山峰頂諸寺僧，每年終夜聚讀大志遺誓，以弘其志。智鍇（533-610 年），俗姓夏侯，豫章人，少年出家，在揚州興皇寺聽僧法朗講三論，善受玄文，揚名一時。開皇十五年（595 年）在廬山從天臺智顗大師，修習禪法，特有念力，智顗歎重之。他居廬山大林寺二〇年，重建大林寺，繼修西林寺。在廬山開講《涅槃經》、《法華經》及《十誦律》，見重於當時。常修禪定，足不下山。隋文帝重其道，敕召進宮，智鍇稱疾不赴。晚年，豫章僧俗虔請講經，不得已而從之。未幾於大業六年六月趺坐而逝於豫章，還葬於廬山石室。其徒慧雲繼席。慧雲，俗姓王，本貫太原，家居九江，弱年樂道，投廬山大林寺智鍇出家。其為人不拘細行，於大節大務則留心，曾迎請精於營造的慧達禪師（或云為慧雲之徒）至廬山造西林寺晚閣，曲折重疊，光耀山勢。智顗及其弟子居廬山弘傳天臺佛法，在當時影響較大，廬山遂成為一個比較有名的天臺宗、三論宗的傳播點。

‧道信禪師

禪宗也開始在本區傳播。禪宗三祖僧璨（？-606 年），隋仁壽間，偕徒道信至吉州，於此為道信受具足戒，並付初祖傳法衣

缽。道信（580-651 年），承嗣為禪宗四祖。大業四年（608 年）於九江邂逅遇弘忍，收為弟子，一起登廬山之巔，居上林寺十年。大業十三年（617 年）領徒眾居吉州，於東山禪寺傳教。傳說道信初至吉州時，正遇強盜圍城，道信念《摩訶般若經》，嚇退了盜賊[7]。後來道信定居湖北黃梅雙峰寺至圓寂，其間培育弘忍成為禪宗五祖。有隋一代，禪宗三祖在江西地區的活動，為唐以來禪宗在本區的繁榮昌盛奠定了良好的基礎。

隋文帝提倡淨土信仰，開皇六年（586 年）十二月題《龍藏寺碑》稱：「燒此戒香，令薰佛慧，修第一之果，建取勝之幢。拯既滅之文，匡已墜之典。」仁壽四年（604 年），發布詔書：「宣揚佛法，感悟愚迷。」都是指宣揚、踐行相對簡易的淨土信仰。因此，淨土信仰之祖山祖庭廬山東林寺，受到尊重。道昢（547-628 年）是廬山淨土信仰的重大弘揚者。道昢原住建康高座寺，欽羨廬山儀軌，於隋開皇十二年入主東林寺，致力於修寺，弘法度人，四時不絕，直至唐貞觀二年（628 年）趺坐而逝於寺。東晉以來的廬山淨土信仰遂綿綿不絕。

隋文帝奉行「有僧行處，皆為立寺」的政策[8]，隋煬帝行按州立寺方針，使以州（郡）、縣網路式有序布局為特徵的中華佛寺群系粗具規模。按《續高僧傳》、《宋高僧傳》，初見於隋僧行

7　關於道信吉州解圍事的時間，學界有不同的認識，筆者在此僅用模糊說法。參見徐文明：《中土前期禪學思想史》，北京師範大學出版社二〇〇四年版，第 182-188 頁。

8　《續高僧傳》卷十五《義解篇》。

・盧山東林寺

止的全國佛寺有二六二所，其中江西有五所，即九江郡有盧山化城寺、大林寺、福林寺、蓮花山甘露峰靜觀道場四所；盧陵郡有發蒙寺一所。按《方志》彙計顯示隋建寺全國二七一所，其中江西有十四所，即九江郡的溢城一所；豫章郡的豫章一所、建昌三所、奉新一所、宜豐一所；臨川郡臨川一所、邵武一所、崇仁一所；盧陵郡的盧陵二所、新淦一所；南康郡的大庾一所。依據代代相因的原則，累積《方志》彙計所顯示的東漢至隋一四三四所佛寺，其中江西有一三〇所，即九江郡三十五所、豫章郡三十五所、鄱陽郡二十九所、臨川郡七所、盧陵郡十六所、南康郡八所[9]。據方志所載，江西於隋朝新建寺、塔有名可考者有如下十

9　寺院的統計，參考張弓：《漢唐佛寺文化史》，中國社會科學出版社一九九七年版，第93-108頁。

五所：興化禪寺，隋初頭陀建於修水縣青龍山；兜率禪院，開皇末建於修水縣龍安山；嘉祐禪寺，開皇五年建於大余縣南安鎮；中化城寺，開皇間建於廬山；淨居寺，開皇九年建於上高縣徐家渡鄉；石台寺（清涼禪寺）開皇九年將軍漆興舍宜豐縣宅建寺；天王院和塔，仁壽二年建成於南昌市北龍沙岡；佛頭塔寺，仁壽間建成寺和舍利塔於南昌縣羅家鄉；發蒙寺（慈恩寺）和塔，仁壽三年，詔令建寺和舍利塔於吉安市仁壽山；保壽院，仁壽間僧本初建於安義縣卜鄰鄉；唐興寺（崇慶寺），大業間唐興舍新餘市西郊宅建寺；白土寺，隋建於宜黃縣梨溪鄉；內宮院，隋僧福建於永修縣城東；釋靈院，隋僧法瑞建於永修縣甘蔗泉鄉；馮山院，隋僧慈善建於永修縣升仙鄉。從以上統計來看，江西地區的佛寺數量與全國相比無論是總數還是新建的寺院數，大概屬於中下的地位，不過亦已形成一定的規模。綜合考慮寺院的分布，隋代江西佛教的傳播已幾乎遍及於全境，反映出本區佛教在信仰地域上比六朝有了較大的擴展。要指出的是，隋代江西佛教由於主要受外來因素的影響，本土名僧大德少，宗教理論上也缺乏創新，對外也沒有產生什麼大的影響。就其實質而言，發展反而不及六朝。

二 佛教各宗競相在江西弘傳

　　唐朝建立後，實行宗教寬容政策，雖尊道教為首，但對佛教亦極為敬奉，除個別帝王曾對佛教施行打擊、限制外，基本上行護持政策。它與隋代一樣廣建寺塔、廣度僧尼、廣寫佛經、廣做佛事、廣給布施，並賜以高僧各種政治名分；當時的高僧大德積

・西方淨土變（盛唐・敦煌壁畫）

極發展佛教事業，特別注重開宗立派，創新佛理；全國從上到下信佛成風，因而佛教在唐代達到了鼎盛時期。歷隋入唐，隨著佛教的中國化，形成的眾多佛教宗派，影響甚大的有天臺、法相、華嚴、淨土、禪宗。唐五代時期，在江西境內，除了南禪宗廣泛流行外，佛教中的淨土宗、律宗、三論宗等也有不少的活動，產生了一定影響。

唐以前，中國已有淨土宗思想的傳播，如東晉慧遠、北魏曇鸞等，都是企求「往生淨土」的代表人物，但是他們都只是淨土宗的先驅，而不是創宗者。淨土宗實由唐初名僧善導創建。善導因專修阿彌陀佛淨土法門，奉慧遠為東土始祖。傳說慧遠在盧山東林寺邀集十八高賢創立「白蓮社」，故淨土宗又稱蓮宗。淨土宗以《無量經》、《觀無量壽佛經》、《阿彌陀經》和《往生論》「三經一論」為主要經典，致力闡揚「乘佛願力」而往生西方淨土極樂世界的思想，並將「觀想念佛」的修持法門進一步簡化為「一

心專念」阿彌陀佛名號即可死後往生西方極樂淨土或兜率淨土的
「淨土法門」。由於「淨土法門」簡便易行，不拘形式，頗能攝
獲民心，故一經創立便蔚為大宗。據《佛祖統記》卷二十六載，
善導「演說淨土法門三十餘年」，「長安道俗傳授淨土法門者不
可勝數」。其後，影響不斷擴大，中唐以後即有所謂「家家彌陀
佛」之說。唐代江西的淨土信仰也較濃郁。廬山東林寺作為東晉
以後南方佛教尤其是淨土宗的重鎮，在歷史上曾盛極一時，名揚
天下。孟浩然（689-740 年）作《晚泊潯陽望香爐峰》詩曰：「掛
席幾千里，名山都未逢。泊舟潯陽郭，始見香爐峰。嘗讀遠公
傳，永懷塵外蹤。東林精舍近，日暮空聞鐘。」詩人晚泊潯陽江
城郭邊上，眺望廬山香爐峰，在晚鐘聲裡，生起了對東晉高僧慧
遠的思念之情，並由此而透露出悠悠的離塵之思。善導之後，名
僧法照羨慕東林慧遠，於永泰元年（765 年）曾入廬山結西方道
場，修念佛三昧。時間不過旬日，但留下了美好的印象，在所作
《淨土五會念佛誦經觀行儀》中，他多處提及慧遠的廬山事蹟，
流露對慧遠的敬仰之情。天寶七載（748 年）冬，揚州龍興寺鑒
真五次東渡扶桑失敗後，折道東林寺禮拜養晦、研習佛理。五年
後六渡扶桑時約該寺智恩和尚同赴日本，於是慧遠淨土學說也隨
之東傳，日本東林教也奉廬山東林寺為祖庭、慧遠為始祖。值得
注意的是，中唐以來江西境內禪風強勁，普通民眾的宗教信仰又
不純潔，淨土信仰往往與禪宗觀念融會一起，難以分清，如白居
易在廬山學淨土兼修禪。

　　唐代因著重研習及傳持戒律而得名的律宗，在江西地區的傳
播綿綿不絕。律宗創始人傳為法時尊者，實為唐初道宣。因依

《四分律》建宗，也稱四分律宗，復因道宣住長安附近的終南山，又有南山律宗或南山宗之稱。安史之亂始，北方兵連禍接，動盪不安，佛教義學遭到重創，於是重心從長安轉移到江南，受江西崇佛氛圍的影響，律宗高僧紛紛來贛地弘傳。建昌（今永修）人惠欽，傳為徐孺子後裔，出家後從北魏律師法聰十二傳智沖受學。游長安，講《大涅槃經》，兼明《俱舍論》、《維摩詰經》《金剛經》。每登壇講座，聽者多達兩三千人，名動京師。安史之亂發生後，他杖錫南歸，住洪州西山洪井雙嶺間，堅持律儀，志在宏濟；又好讀《周易》、《左傳》等儒家經書，下筆成章，著《律儀輔演》十卷，撰《龍興寺戒壇碑》。撫州刺史顏真卿奏以謝靈運撫州翻經台立為寶應寺，請惠欽至寺登壇演說戒律，真卿為作《寶應寺律藏戒壇記》。此外建昌人惠進（慧進），亦是著名律師，弘法於建昌等地。

廬山佛法鼎盛，在此傳律宗者不乏其人。貞素律師，開元間住持廬山東林寺，傳徒神鑒，後神鑒參禪宗馬祖道一，得印可成禪師。熙怡律師，俗姓曹，桂陽人。大曆五年（770 年）至五老峰，臨瀑布建凌雲精舍而居十載，移住上林寺。貞元間又移居東林寺內戒壇院，主持興建遠公影堂。與顏真卿、趙憬、盧群、楊於陵等結方外之交。貞元十二年（796 年）圓寂於東林寺，許繼佐為之撰塔銘。神湊，俗姓成，京兆藍田人。少年出家，遠慕戒律。祈南嶽希操師受戒，復參洪州馬祖。然志在《楞嚴經》，行在《四分律》。大曆八年（773 年），制懸經、律、論三科策試天下僧尼，中等第方給度牒。神湊應選，詔配江州興果寺，後從僧從所望移居廬山東林寺，大興佛事，終研律成務，登壇秉法垂三

十年，「檀施臻集」、「化大眾萬數」。與白居易友善，圓寂時，白傷心不已，為之作《律大德湊公塔銘》云：「本結菩提香火社，共嫌煩惱電泡身。不須惆悵隨師去，先請西方作主人。」[10]靈徹（746-816年），俗姓湯，會稽人，先住持會稽雲門寺，貞元中游長安，名震京師。遭誣陷徙汀州，赦歸越。元和初住廬山東林寺，還住持過洪州石亭寺，與江西觀察使韋丹結忘形之交，互為唱酬。權德輿亦有送徹上人序。鑒於東林寺經藏不全，臨去時向韋丹建議修建經藏院，充實經藏。韋聽後即施財興建。元和十一年靈徹終於宣州開元寺。靈徹著有《律宗引源》二十一卷行於世。

撫州景雲寺，因上弘（北宋時避皇諱改稱「上恒」）成為著名的律宗大寺。上弘為南城縣饒氏子，十五歲出家，隨舅父為僧，二十二歲時，從南嶽大圓大師具戒，「聽涉精苦」[11]。大曆（766-779年）中居住景雲寺，貞元初（785年）徙居洪州龍興寺。上弘提倡禁戒，傳揚「四分律」，頗有成就。《宋高僧傳·唐撫州景雲寺上恒傳》載，上恒「坐甘露壇二十許年，十有八會，救拔群生……男女得度者一萬五千餘人」。據白居易《唐撫州景雲寺故律大德上弘和尚塔碑銘並序》稱，經上弘授戒度為僧者達一五五七二人。顯然，在唐後期當南山宗風行全國各地時，江西民受其感染。他在社會上有很高的聲望，與廬山法真、天臺

10　《宋高僧傳》卷十六《唐江州興果寺神湊傳》。
11　《宋高僧傳》卷十六《唐撫州景雲寺上恒傳》。

靈裕、荊門法裔、暨興果神湊、建昌惠進等高僧交遊，也和任職於江西的名臣姜公輔、顏真卿、楊憑、韋丹等友善。

洪州龍興寺亦因清澈住持而成為南方著名的律宗寺院。元和年間，清澈從吳苑開元寺北院道恒律師處受法後周遊律寺，名聞四方，各地無不「推稱」[12]。洪州龍興寺（後名普賢寺）欽其名而迎請入住。清澈以十年光陰，鳩聚諸家之說，撰《〈南山鈔〉集義》，影響遠近。至宋初豫章、武昌、晉陵的釋門仍在講用。

後唐時期，江西律宗的大師以徽猷為代表。他撰有《高抬貴手錄》一書，嘗領徒攜書至杭州真身寶塔寺，寺主景霄為著名律學大師，閱後為之歎賞不已。

上述表明，唐中期以來，律宗高僧們力弘佛法於江西，尤以洪州龍興寺和江州盧山東林寺為道場，講經說法，著書立說，傳徒度眾，頗有成就，成為本區僅次於禪宗的第二佛教宗派。唐中期以來江西的律宗傳播，不僅影響本區，而且涉及江西境外的一些地區，成為當時中國傳播律宗的重要區域之一。弘法於江西的律師們，大多與禪宗有淵源，表明本區的禪律交合現象比較普遍。

三論宗也是隋唐以來一個較有影響的佛教宗派，由吉藏創於隋末唐初。「三論」是印度佛教大乘空宗的創始人龍樹所著的《中論》、《十二門論》及其弟子提婆所著的《百論》的合稱。三論宗以宣傳「一切法空」為宗旨，以「二諦」、「八不中道」為

12　《宋高僧傳》卷十六《唐鐘陵龍興圭清澈傳》。

教義。江西地區偶有傳播。唐憲宗元和時，有高安人雲興大師，俗姓姚，出身於仕宦之家，聰慧多能，精研《三論》，時稱「三論大師」，力弘三論宗於高安縣城觀音寺直至圓寂，塔於經藏殿后。觀音寺始建於唐，賜額「三論道場」。內有二十四寮，規模居縣佛寺之冠。

中國佛教宗派的形成，是佛教基本中國化後走上獨立發展道路的標誌。唐代江西境內佛教諸宗競起，是佛法興盛的體現，也使民眾信仰有了更多的選擇，信仰者更加普遍，反過來又進一步促進了佛教在本區的繁榮。

三　南禪贛地初興

禪宗是中國佛教中修禪的宗派，一般認為其創始人為北魏天竺僧菩提達摩。達摩於南朝梁普通年間（520-527 年）泛海至中國，入嵩山少林寺面壁修禪。達摩得弟子慧可，付以正法眼藏，授予袈裟為法信，慧可成為二祖。可傳三祖僧璨。隋唐禪宗，初期主要是由四祖雙峰道信、五祖東山弘忍闡發。彭蠡江段以北的蘄黃諸山，是禪宗定居發衍的初地。道信大約在隋煬帝大業年間受僧璨禪法，一度率徒南游吉州，弘化當地。欲至衡山，途經江州，為僧俗相請，住廬山大林寺十年，對江西禪宗的形成產生一定影響。後仍返蘄春，住黃梅雙峰山傳法，歷三十年，「諸州學道，無遠不至」[13]，成為禪宗的真正發端者。法嗣弘忍（601-674

13　《續高僧傳》卷二十《道行傳》。

年），在雙峰東十里馮茂山建寺（後稱五祖寺），接眾傳法，門下七百餘人，號「東山法門」。禪宗自弘忍起，法嗣漸多，窟山禪林愈廣，遍布關洛一帶及南方巴蜀、嶺南等地。其中，以神秀的北宗和慧能的南宗在當時影響最大，時稱「南能北秀」。武周久視元年（700 年），武則天迎請神秀入長安弘法，親加跪禮，聞風來拜者日盈數萬，轟動一時。其後中宗、睿宗對神秀尤加禮重，移住洛陽天宮寺而終，使神秀有「兩京法主」、「三帝國師」之譽。朝廷的禮重和支持，以神秀為首的北宗遂被樹立為禪宗的正統，聲勢遠非其他幾個禪宗支系可及。受其影響，江西地區也有禪師習北宗。如大曆四年（769 年），嚴峻禪師住洪州大明寺，即弘傳神秀「漸法」。然至唐末北宗寂無聲息，僅有一些禪寺殘存於北方。其主要原因是，以慧能為首所創南宗的崛起與發展而最終壓過了北宗。

慧能（638-713 年），俗姓盧，廣東新州人。早年至黃梅東山參謁弘忍，雖少識文墨，但聰慧過人，以「本來無一物」偈言而得弘忍真傳、秘授法衣。弘忍囑他深藏不露等待時機弘法。慧能渡江南行，潛至四會、懷集的崇山峻嶺中。十五年後他見時機已到，便懷揣袈裟，來到南海法性寺（今廣州光孝寺），一番「風幡之議」後，眾僧歸屬。慧能說法動聽，信徒大增，法性寺難以容納，遂到曲江曹溪寶林寺弘法。慧能七十六歲時，離曹溪回家鄉國恩寺圓寂。慧能以頓悟傳道，反對神秀漸修成佛的理論，強調「以無念為宗」和「即心即佛」「見性成佛」。這種簡明直截的得道理論是對佛教繁瑣哲學的重大革新，更便於向社會各階層推廣。達摩來華傳播大乘佛法，以四卷本《楞伽經》授弟

子，主張「理入」、「行入」並重，把對宗教理論的悟解同大乘禪學的實踐結合起來。二祖慧可對《楞伽經》採取自由解釋的態度，不拘文字，專附玄理。三祖僧璨繼續持《楞伽經》以為心要。《楞伽師資記》云僧璨「口說玄理，不出文記」，「蕭然靜坐」。四祖道信和五祖弘忍，建立「東山法門」，仍以《楞伽經》為立足點，以「籍教悟宗」、「內外相稱」、理行不相違，但又稍變重視《楞伽經》之風。主張把唯心念佛和實相念佛相結合，並強調明淨之心和實相之悟，把《楞伽經》如來藏佛性與《般若經》般若學說予以溝通，還提出「直任運」的自由放達的修禪方法。弘忍雖以《楞伽經》為基本經典，但常勸僧俗持《金剛經》，顯現出向《金剛經》逐步轉移的趨勢。總體觀之，「東土五祖」以達摩禪為基本修禪方式，主張「漸修」，不否認坐禪，本質上仍是印度禪的移植。六祖慧能繼承達摩學說，與達摩禪在思想上有某種淵源關係，在法系上也是一脈相承，卻是在吸收並揚棄達摩禪的基礎上建立起不同於傳統佛教的新思想體系。其佛教思想對後世影響最深遠的乃是以「心性本覺」為思想基礎的頓悟成佛說，並由此引發出一系列新的觀點：傳統佛教重視誦經，「籍教悟宗」，慧能主張不立文字、「教外別傳」、「當令自悟」；傳統

·慧能禪師

佛教提倡布施、造寺等功德，慧能認為那只是「修福」，並非「功德」；傳統佛教主張念佛往生西天，慧能認為心性不淨，念佛往生難到，「迷人念佛生彼，悟者自淨其心」；傳統佛教強調坐禪用功，慧能提出把修禪貫徹到一切日常生活及活動之中；傳統佛教提倡出家修行，慧能則主張修行在家亦得，不由在寺。慧能佛教思想特點大凡有三：一是自心即佛性，成佛即頓悟自身本具的佛性。二是提倡自由任運的生活方式，使僧侶生活平民化、世俗化。三是廣泛從中國傳統文化中吸取養料，改造禪宗。莊子追求自由精神之作，玄學家豁達放曠、純任自然之舉，儒家性善之論及孝悌之說，皆為慧能創新禪理提供了營養。總之，慧能以其所述《壇經》為宣言書，建構起具有中國特色的佛教思想體系與佛教宗派，這在佛教史上是一次重大的變革。根據宋代出現的禪門傳法世系，禪宗大致經歷達摩禪、東山禪、曹溪禪三個階段。中唐以後，曹溪禪演化為「禪林」。禪林中「農禪合一」、「上下均等」的生活方式，「一切眾生皆有佛性」的理念，心傳自悟不借文字的修持方法，受到下層民眾的歡迎，禪林在中華廣闊地域，如滾雪球，逐漸層層推進。曹溪禪林，最後完成了天竺禪向中華禪的演變，源自印度的佛教因為禪宗尤其是南禪宗才真正成為中國化的佛教；同時，禪宗也成為最大的佛教宗派。八世紀後期至九世紀中後期的一百多年期間，南宗興旺發達而為禪宗正統。

　　南宗雖然發得很快，並得到了嶺南地方官的保護，但它僻處南疆，影響有限。安史之亂後，慧能的弟子在平叛中表現出對唐皇朝的忠心，深得肅宗、代宗的賞識；加上當時北宗因爭奪七祖

之位內亂，得慧能臨終祕傳法印並被安排至北方的荷澤神會
（688-762 年）趁機發展勢力。天寶初，神會入洛陽大弘禪法，
在滑台大雲寺設無遮大會，「明心六祖之風，蕩其漸修之道」，
始判南北二宗，論定達摩法統，樹立南宗頓悟法門。後住洛陽荷
澤寺弘揚頓門，著《南宗定是非論》及《顯宗論》，形成了影響
巨大的荷澤宗，並使南宗很快成為禪宗的主流。慧能也成為禪宗
的嫡派，稱禪宗六祖，諡「大鑒禪師」。

　　慧能門下人才濟濟，著名弟子除荷澤神會外，還有懷讓在南
嶽般若寺觀音台；行思在吉州青原山靜居寺；玄覺在溫州永嘉龍
興寺，於岩下自構庵堂；慧忠住武當山龍興寺，並奏置太一延
昌、香岩長壽二寺。六祖旁出法嗣有：韶州法海、吉州志誠、洪
州法達、壽州智通、信州智常、廣州志道、湖州司空山本淨、婺
州玄策、河北智隍等。由此可見，慧能門下著名人才中，江西人
占了相當比例。受人文地理環境的作用與影響，江西很早就傳入
了慧能禪宗。據《壇經》載，早在慧能偷渡嶺南時，同窗慧明尾
隨欲劫法衣。慧明，俗姓陳，原籍鄱陽，據說是南朝皇室後裔，
曾為四品將軍，國亡而流散為編民，遂出家永昌寺，學雙峰之
法。唐高宗時，依附弘忍法席，久不得法。他追趕慧能，本想奪
法衣，然當慧能大度地將衣鉢交給他時，又惶恐不敢取，說：
「我故遠來求法，不要其衣。」慧能於是在大庾嶺上為慧明說
法，「慧明得聞，言下心開」。後慧能游方到袁州蒙山（上高縣
境內），即駐錫留居，開堂授衙徒。其所居寺北宋明賜額為「聖
濟禪寺」。因尊慧能，避慧改法名為道明。禪籍以「蒙山道明」
稱之。道明在袁州一帶弘法，主張「看淨」，繼承東山法門一般

傳統，但他師事慧能，將弟子盡行遣往嶺南參學慧能，遂使江西與嶺南的禪法有了更直接的交流與融合。禪宗在江西境內不僅得到廣泛深入的傳播，而且發揚光大，影響全國。在其中承先啟後的關鍵人物則是南嶽懷讓與青原行思。

懷讓（677-744 年），俗姓杜，金州安康（今陝西安康）人。懷讓十五歲在荊州玉泉寺出家，後到曹溪從慧能學禪。《傳法正宗記》卷七說他「事大鑒曆十五載。尋往南嶺（湖南衡山），居般若精舍，四方學者歸之」。其中馬祖道一深得其奧旨後，往福建、江西建立叢林，聚眾說

‧青原行思禪師

法，影響極大。馬祖下傳百丈懷海，懷海制定「禪門規式」，此宗更是大盛。馬祖的又一弟子靈祐及其徒孫慧寂在潭州溈山（今湖南寧鄉）和袁州仰山弘道、接化，師資相承，別開一派，世稱溈仰宗。懷讓的弟子希運住持高安黃檗山寺，其弟子義玄後在鎮州（今河北正定）滹沱河畔建臨濟院，別成一大宗派，稱臨濟宗。這是中唐以後最為盛行的禪門宗派，慧能禪宗法門，以南嶽懷讓的功勞最大。

青原行思（673-741 年），俗姓劉，吉州廬陵人。行思幼年出家於家鄉寶雲寺，與寺中和尚談論佛法，思索佛教真諦。聽說曹溪慧能禪學高深，便翻山越嶺前往參禮。行思初見慧能即問：「當何所務，即不落階級？」慧能反問他做過什麼。他回答：「聖

諦亦不為。」慧能進而問：「落何階級？」回答說：「聖諦亦不為，何階級之有？」**14**行思的問答頗得南禪真諦，由此成為慧能的首座弟子。一天慧能對行思說：「自古以來，佛教是衣法雙行，以衣鉢為傳授法嗣憑信。我自接受五祖衣鉢以來，遭受很多磨難，我的身後，為法嗣衣鉢爭競者必多。現在我得到了你，何患天下不信？傳世的衣鉢就留在我這裡鎮守山門，你當外出分化一方，使禪宗延續，不要讓它斷絕。」行思謹遵師命，於神龍元年（705 年）由韶關南華寺回到故鄉吉州的青原山開闢佛場。青原山山巒蜿蜒起伏百里，山勢高峰凌空，有龍騰虎躍之勢，吞雲吐霧之貌，是習禪修心的理想之地。行思駐足青原山后，廣為宣傳，集募資款，景龍三年（709 年）創建安隱寺並以傳法，於是「四方禪客，繁擁其堂」**15**。在行思及其後繼者的努力下，青原山靜居寺氣勢宏偉，全山庵堂佛殿，星羅棋布，共有三十六處，寺內有天王殿、大雄寶殿、毗盧閣，成為江西中部名揚四方的佛場，僧徒多時達數千人。每日拜佛進香者絡繹不絕，許多當朝權貴、文人墨客慕名來訪，如唐相姜公輔、名臣顏真卿都曾涉足此地。相傳鑒真和尚第五次東渡日本受阻，折回途中路過吉州時，下榻青原山。

　　行思傳法時，啟發弟子覺悟時已開始採用「機鋒」方式。《景德傳燈錄・行思傳》載，有一次，某和尚問行思，什麼是佛

14　《景德傳燈錄》卷五《行思傳》。
15　《宋高僧傳》卷九《行思傳》。

法大意？行思反問道：「盧陵米作什麼價？」這正反映了禪宗的思辨特色，表明佛教就在米價之類的日常生活中，而不在玄妙的神秘境界裡。行思衝出了佛學虛幻的思想範疇，把佛教從單純的學問修行引入道德修行。《祖堂集》還記載神會曾從曹溪至青原山拜見行思。行思問他帶來什麼，神會「振身而示」，行思對他說他仍「滯瓦礫」，意為仍未體悟禪法的真諦。神會問他這裡有沒有真金，他回答：「設有與汝，向什麼處著？」[16]似乎是探試神會有沒有接受禪法奧旨的素質。

開元二十八年（740年）十二月，行思升座佛堂跏趺圓寂，葬於毗盧閣右後山，次年建「七祖塔」。因行思對南禪傳播起了較大的作用，在傳法世系中佔據重要地位，乾符年間（874-879年）唐僖宗追謚行思「弘濟」禪師之號。七祖塔故名「七祖弘濟禪師歸真之塔」，《歸真之塔贊》稱：「聖諦不為落何階級，火裡蓮花雪中紅日，星發大機掀古轍，千里繩規三宗祖鼻。」唐代大書法家顏真卿任吉州刺史時在山門上題寫的「祖關」二字，亦足見青原山在唐代佛教的重要地位。

後人撰寫的禪宗史籍，多將南嶽懷讓與青原行思並列為慧能門下的兩大高足，由此衍生出南禪的兩大宗系：南嶽懷讓、馬祖道一的洪州禪系與青原行思、石頭希遷系。其實，行思在當時的佛教界，並不是為人熟知的名人。只是由於身後弟子們的大力弘揚，才聲名卓著，確立了他在禪宗歷史上的宗師地位。行思門下

16　《景德傳燈錄》卷五《行思傳》。

弟子不多，衡山石頭希遷卻極為著名，與馬祖道一分庭抗禮。希遷及其身後弟子們大弘行思禪法，法席大盛。唐末五代，從石頭希遷的法系形成曹洞宗、雲門宗和成為中國禪宗主流的法眼宗，世稱「禪宗青原派系」。由此可見，中國禪宗得以發展，青原行思一系的傳承功不可沒。

第二節 ▶ 洪州禪風

　　馬祖道一繼承慧能以來的南禪宗思想，在江西創立了頗具地域特色的洪州禪宗。洪州禪在馬祖及其弟子的弘揚下，興盛一時，成為深刻影響全國的禪宗宗派。百丈懷海根據禪宗發展的實際，創制《禪門規式》，標誌著佛教中國化的完成，並為禪宗的進一步發展奠定了堅實的基礎。晚唐五代時期，以江西地區為中心的五家禪形成，遂使南禪宗達到鼎盛。

一　馬祖道一創洪州禪

　　道一（709-788 年），俗姓馬，因其在禪宗史上的崇高地位，人稱馬祖或馬祖道一，漢州什邡（今四川什邡）人。童年時從資州（今四川資中）唐和尚處寂出家，後來到渝州（今重慶）圓律師處受具足戒。據《圓覺經大疏鈔》卷三之下，馬祖還曾受法於成都淨眾寺金和尚無相禪師，後住長松山。約唐景雲元年（710年）前後，馬祖聽說懷讓在南嶽般若寺傳慧能「頓門」之法，便前往皈依受學。受懷讓「磨磚成鏡」的啟發，馬祖由此大悟，而志心修持「心地法門」，在懷讓門下學法達十個春秋。

開元、天寶之際，馬祖到福建建陽佛跡嶺聚眾傳法，略有小成。其後遷至江西臨川西里山（又名犀牛山），有虔州人智藏、丹陽人道岸等前來歸依。又輾轉至南康龔公山（今寶華山），此山常有野獸出沒，人跡罕至。馬祖與弟子在此闢地建寺，逐漸成為一個遠近知名的傳法中心「學侶蟻慕」[17]。海門郡齊安、福州人懷海、尉氏人無等等人前來

·馬祖道一禪師

投奔受法。超岸禪師，天寶初年於撫州蘭若得道一開發，「四方麏侶依之」[18]。另外，據《宋高僧傳·道一傳》，虔州刺史河東裴諝，家奉佛法，敬信馬祖，「躬勤諮稟」。大曆、貞元年間，馬祖至洪州傳法，得到洪州刺史、江西觀察使路嗣恭、鮑防和李兼的積極支持。《宋高僧傳·道一傳》載：路嗣恭，大曆七年至十三年（772-778 年）在任，其間迎請馬祖從虔州到洪州開元寺。「連率路公，聆風景慕」；鮑防，建中元年至三年（780-782年）在任，其間朝廷「有詔僧如所隸，將歸舊壞」，按規定應遣返馬祖回原籍所隸屬的寺院，但鮑防「密留不遣」；李兼，貞元元年至七年（785-791 年）在任，對馬祖「素所欽承」。權德輿

17　《宋高僧傳》卷十一《無等傳》。
18　《宋高僧傳》卷十一《曇藏傳附超岸傳》。

《唐故洪州開元寺道一禪師塔銘》說：「成紀李公（李兼）以侍極司憲，臨長是邦，勒護法之誠，承最後之說。」

　　馬祖在洪州軍政長官的支持下，以開元寺為中心向僧俗信徒傳授南宗禪法，開啟洪州禪風，聲名大振。《宋高僧傳‧太毓傳》說：「於時天下佛法極盛，無過洪府，座下賢聖比肩，得道者其數頗眾。」《傳法正宗記》卷七稱：馬祖「以其法歸天下之學佛者，然當時之王侯大人慕其道者，北面而趨於下風，不可勝數」。著名僧人普願、智常、惟寬、太毓、道行、寧賁、玄策、神鑒等人都是在洪州皈依馬祖成為弟子的。馬祖儼然為一方教主，開創了洪州禪（或稱「江西禪」、「洪州宗」）。洪州宗在馬祖及其弟子的努力下，快速成長為南禪的大宗，江西成了曹溪之後的又一處禪宗聖地而被人稱為「選佛場」[19]。馬祖的開元寺與南嶽衡山石頭希遷的石台寺，成為當時傾慕南禪宗的僧俗信徒往來參學的兩大禪學中心。唐憲宗時國子博士劉軻在應請為希遷寫的碑銘中寫道：「江西主大寂（馬祖），湖南主石頭，往來憧憧，不見二大士為無知矣。」[20]馬祖因創立洪州宗，成為中國禪宗史上最有聲望的人物之一。七八八年，馬祖圓寂後葬於靖安寶珠峰下，江西觀察使李兼為其營塔於建昌（今永修）鄌山。權德輿作《馬祖塔碑銘》曰：「達摩心法，南為曹溪，頓門巍巍，振拔沉

19　《祖堂集》卷四《丹設和尚》：「江西馬祖，今現住世說法，悟道者不可用記，彼是真選佛之處。」
20　《景德傳燈錄》卷六《馬祖傳》注。

泥，禪師宏之，俾民不迷……」對馬祖弘揚禪宗予以高度評價。憲宗元和八年（813年），追贈謚號為「大寂禪師」，塔名「大莊嚴之塔」；敬宗賜塔號「大和圓證之塔」。宣宗大中四年（850年），敕令江西觀察使裴冑重修馬祖之塔，並賜額名曰「寶峰」，泐潭寺遂改名寶峰寺。一九九九年十月，寶峰寺落成開光，恢復了當年馬祖道場的雄風，成為江南最大的寺廟，寺內還保留有馬祖圓寂塔，也成為中外佛教信徒朝拜的聖跡。

　　馬祖洪州禪秉承慧能以來「識心見性，自成佛道」的宗旨，主要圍繞著人達到覺悟解脫的心性和應當如何對待修行的問題，進行理論創新。《景德傳燈錄・馬祖傳》載「僧問：和尚為什麼說即心即佛？師云：為止小兒啼。僧云：啼止時如何？師云：非心非佛。僧云：除此二種人來如何指示？師云：向伊道不是物。僧問：忽遇其中人來時如何？師云：且教伊體會大道。」馬祖認為，人人都有與佛一樣的本性，性離不開普通的眾生，既然眾生

・曾力洪州宗中心的南昌佑民寺（唐稱開元寺）

不知自己生來具有佛性而到處求道，就以「即心是佛」，引導他們產生自信、自修自悟；然而如果眾生就此認定「即心是佛」而僅依此修行，卻也謬誤，因為佛是不可局限於方位、場所的，否則會出現「認心為佛」的現象。所以一旦信徒自修自悟了，就要告訴他們「非心非佛」，佛「不是物」，應當認真去「體會大道」。在馬祖的心佛論

・馬祖塔

體系中，「非心非佛」是對禪宗理論的重大發展，通過這種否定方式，促使信徒跳出具有危險傾向的執著心與執著佛思維定式。

在修行問題上，馬祖提出「道不用修，但莫污染」和「平常心是道」的思想[21]。「洪州意者，起心動念，彈指動目，所作所為，皆是佛性全體之用，更無別用，全體貪嗔癡，造善造惡，受樂受苦，此皆是佛性。」馬祖認為，真如、佛性以及自己的本性、本心，是用不著有意地去修行、去對治。只要使它保持自然，不被污染即斷除一切造作、取捨、好惡、是非、凡聖等觀念，做到「無念」，達到佛、菩薩的解脫境地的「平常心」。馬祖指出：「若了此心，乃可隨時著衣吃飯，任運過時，更有何事！」修道不必脫離日常生活，「平常心是道」。為何可以由平

21 《景德傳燈錄》卷六《馬祖傳》。

常心而「隨處任真」修道，就是因為「各信自心是佛，此心即是佛心」**22**，「著衣吃飯言談祇對，六根一切施為，盡是法性」**23**，所以可把「饑來吃飯，困來即眠」**24**當做修道功。馬祖由此反對刻意修道，宣稱「道不屬修。若言修得，修成還壞」**25**。又說：「今有本有，不假修道坐禪，不修不坐，即是如來清淨禪。」**26**這種「平常心是道」和「道不屬修」的思想，實際上進一步弘揚了六祖慧能的「頓悟」學說，對於後世來修禪定的人影響很大。

洪州禪繼承和發展了慧能以來「不立文字，教外別傳，直指人心，見性成佛」的禪宗宗旨。裴休為希運《傳心法要》作序時盛讚馬祖一系思想是「獨佩最上乘，離文字之印，唯傳一心，更無別法」；而且陳述這一系思想是「證之者無新舊，無深淺；說之者不立義解，不立宗主」**27**。洪州禪修道弘法的重要特點是「觸類是道而任心」。「觸類是道」是指人的生心起念、一舉一動生命現象皆是佛性的表現；「任心」是指禪的實踐，即只要能養神存性，不斷改造，任運自在，就能進入成佛的境界。本著「觸類是道而任心」，馬祖反對一切繁雜的宗教儀式，簡明直接地採用諸如隱語、暗示、象徵乃至棒喝等機動靈活的手段傳遞禪法。有僧要求馬祖直接指示何為「祖師西來意」。馬祖讓他去問智

22　《祖堂集》卷十四《江西馬祖》。
23　《古尊宿語錄》卷一《大鑒下二世道一》。
24　《崇德傳燈錄》卷六《大珠慧海傳》，慧海是道一的弟子。
25　《古尊宿語錄》卷一《大鑒下二世道一》。
26　《江西馬祖道一禪師語錄》，載《續藏經》第一一九冊。
27　《全唐文》卷七四三裴休《黃檗山斷際禪師傳心法要序》。

藏，智藏托頭痛讓他去問懷海，懷海說自己「不會」。此僧轉了一圈又回到馬祖處，向馬祖轉述經過。馬祖對此不置可否，只是說「藏頭白，海頭黑」。這段公案在禪宗史書中經常提到。按照南宗的禪法理論，對於達摩西來的目的是不能用語言表達清楚的，因此歷代禪師故意對此作出種種不著邊際的答語，或以動作示意。《古尊宿語錄》卷一《懷海》載，一日，懷海去參見馬祖，見馬祖豎起拂子，他便按自己的理解解釋說：「即此用，離此用。」馬祖便把拂子放到了原處。過了一會，馬祖問：「你已後開兩片皮，將何為人？」意為將來如何傳法，懷海也照著馬祖的做法豎起拂子，馬祖反過來也說：「即此用，離此用。」懷海便把拂子放回原處。「祖便喝，師直得三日耳聾」。這種啞謎之中含有禪機的，大概是說看待體與用的問題，例如真如佛性與萬事萬物、真諦與俗諦、菩提之道與語言文字等等，應做到相即不二，在向人們講授前者的道理時，既不能離開後者，又不能執著於後者。馬祖之喝，好像是表示對這一點也不能執著。馬祖在禪修弘法中宣導冷峻剛烈的「接機」。宗密《圓覺經大疏鈔》卷三記馬祖禪法「接機」云：「或有佛，揚眉動睛，笑欠聲咳，或動搖等，皆是佛事。」這種從眼前隨意拈來的日常事物中迅速悟禪的方法，機鋒峻峭，變化無方，卷舒擒縱，靈活自如，從而使禪的實踐與人們的日常生活的情感、行動一體化，建立起更為直接的成佛說和更為簡易的禪法實踐，頓使歷來坐禪入定、舉止凝重、反應遲滯的出家人面貌為之一新，引發出禪門的大機大用。

　　洪州禪之所以成為中唐之後南禪宗的正脈，並不僅僅在於馬祖門下禪師眾多，廣布四方，還在於洪州禪法建立起了邏輯演繹

嚴密的新佛教心性論，是對慧能、神會以來「以無念為宗，無相為體，無住為本」的進一步修正和對南禪宗「令自本性自悟」的進一步確認[28]，極大地消解了禪思想史一直存在的內在理論上的隱患與闕失。洪州禪修行不重經教、任心直行，自然地超越了「無念」的範疇，比慧能的一行三昧更加無拘束，完全等同於自然地生活。洪州禪尊重一切人自性和人格，直接明快的傳法方式，簡便易行的修持方法，奠定了中國禪「自然適間」的思想基調。從而極大地吸引了各階層的信仰，終於凌駕他宗而尊於天下。

當然，馬祖的洪州禪法任心為修也帶來了不少負面的影響。自大曆中開始，馬祖禪風已在江南僧俗間搧起一股狂放逸蕩的生活作風。《古尊宿語錄》卷一所記馬祖一事，最能說明問題。「洪州廉使問曰：『吃酒肉即是，不吃酒肉即是？』師曰：『若吃是中丞祿，不吃是中丞福。』」吃酒肉不吃酒肉，當隨遇而安，既然如此，其後學之飲酒食肉，也就是順理成章之事。洪州宗將禪理完全融入日常生活中的「世上禪」，顯然更帶有狂蕩躁動的玩世不恭色彩，而與慧能的禪中隱相背道而馳，「佛不遠人，即心而證；法無所首，觸境皆如」[29]的佛性學說，也必然帶有更強烈的世俗化功利化傾向。同時也造成「流蕩舛誤」，「顛倒真實，

28　《壇經校釋》（郭朋校釋本），中華書局一九八三年版，第31-32頁。
29　《權載之文集》卷二十八《唐故洪州開元寺石門道一師塔銘》。

以陷乎己而又陷乎人」的流弊[30]。《景德傳燈錄·五台隱峰》載，鄧隱峰一日推土車次，馬祖展腳在路上坐。因馬祖不肯收腳，隱峰竟推車碾過，「祖腳損，歸法堂，執斧子云：『適來碾損老僧腳底，出來！』峰便出於祖前引頸，祖乃置斧」。說明馬祖思想行為已顯示出接近後期禪宗「呵祖罵佛」的跡象。潘桂明先生指出：「（馬祖）撒下了佛教危機的新種子。這種危機，表現在它從佛教內部造成的破壞上。道一把『道』貫徹到日常生活的一切方面，將『禪』融化於人的生命活動的每一部分，同時還拋棄了傳戒、懺悔等佛教傳統的形式，從而使禪宗的宗教色彩和神學意義大為遜色，佛教的世俗化有了更為堅實的基礎。道一開創的自由活潑的禪風，經過輾轉、改鑄，有可能逐漸流於空洞無聊可自欺欺人。」[31]這種危機的結果，至明代顯著地表現出來。

二　洪州禪的弘傳

馬祖門下著名弟子極多。據《五燈會元》卷三稱馬祖入室弟子一三九人，「各為一方宗主，轉化無窮」。陳詡《唐洪州百丈山懷海禪師塔銘》言：「大寂之徒，多諸龍象，或名聞萬乘，入依京輦，或化治一方，各安郡國。」馬道門下禪林的地望，大略分布如下[32]：江南西道：洪州百丈山懷海、惟政，泐潭山法會、

30　《柳宗元集》卷二十五《送琛上人南遊序》。
31　潘桂明：《中國禪宗思想歷程》，今日中國出版社一九九二年版，第240頁。
32　馬祖系「禪林地望」的統計，參張弓：《漢唐佛寺文化史》，中國社會

惟建、常興，廬山歸宗寺智常，湖南東寺如會，虔州西堂智藏，澧州茗溪道行、大同廣澄，撫州碧山慧藏，袁州南源道明、楊岐山甄叔，朗州中邑洪恩，信州鵝湖大義，潭州三角山總印、石霜山大善、華林善覺，南嶽西園曇藏等，散見十一州，禪林十九處；江南東道：杭州鹽官海昌院齊安，池州南泉山普願、杉山智堅、魯祖山寶雲，明州大梅山法常，婺州五泄山靈默，越州大雲寺慧海，常州芙蓉山太毓，泉州龜洋無了，汀州水塘和尚，溫州佛嶴和尚等，散見九州，禪林十一處；河東道：蒲州麻谷山寶徹，忻州鄜村自滿，汾州無業國師，五臺山隱峰禪師；河北道：幽州盤山寶積，磁州馬頭峰神藏，鎮州金牛和尚；京畿道：京兆章敬寺懷暉、興善寺惟寬、草堂和尚、興平和尚；都畿道：洛京佛光寺如滿，伊闕香山自在、天然；山南東道：鄂州無等禪師，唐州紫玉山道通；嶺南道：韶州乳源和尚。道一弟子的禪林，散見三十餘州，共七十餘處。洪州宗第三世以下弟子，繼續不斷地開闢叢林，如百丈懷海一門法嗣：靈祐開潭州潙山，希運開洪州黃檗山，寰中開杭州大慈山，普岸辟天臺平田寺，常觀開瑞州五峰山，通禪師闢廣州和安寺等。再如潙山靈祐一門法嗣：慧寂開袁州仰山，智閑開鄧州香岩山，洪諲開杭州徑山，神英開滁州定山，法端開襄州延慶山，慈慧開福州九峰山，無名和尚開晉州霍等。靈祐、慧寂開山為仰宗。還有臨濟、曹洞、雲門、法眼諸宗，各有自家叢林。可以說，以江西為基地的馬祖叢林彌漫中

科學出版社一九九七年版，第444-445頁。

夏，馬祖禪法廣布大江南北。

　　貞元、元和年間，馬祖門下著名禪師西堂智藏、興善惟寬、章敬懷暉、百丈懷海等人，弘傳洪州禪法十分得力。西堂智藏（738-817 年或 735-814 年），南康人，俗姓廖。自幼出家，十三歲時，當馬祖臨川西裡山傳法時，乃前往歸依，此後跟隨馬祖到虔州龔公山、鍾陵開元寺，是馬祖的上足弟子之一，也是馬祖圓寂之後在龔公山收束門下眾僧的繼承人。唐技所撰《龔公山西堂敕諡大覺禪師重建大寶光塔碑銘》記：「大寂（馬祖）將欲示化，（智藏）自鍾陵結茅龔公山，於門人中益為重。大寂沒，師教聚其清信眾，如寂之存。」貞元七年（791 年），馬祖去世三年後，智藏應大眾再三堅請，開堂說法，又一次以龔公山為基地在南方弘傳馬祖禪法，當地官員也「傾心順教」[33]。智藏龔公山說法時，某秀才來問有無天堂、地獄。他回答「有」。又問有無佛法僧三寶等等，他都回答說「有」。有位俗士向徑山道欽參問過這些問題，道欽皆說「無」。因此他問智藏，是不是講錯了。智藏便問他有無妻子，徑山和尚說沒有。於是，智藏說：「公具足三界凡夫，抱妻養兒，何種不作是地獄粗滓，因什麼道一切悉無？若似徑山，聽公道無。」[34]可見，智藏對普通在家的人並不硬要他們接受一切皆空的道理。智藏在當時是位享有崇高聲譽的禪僧，唐枝《西堂大覺禪師塔碑銘》把智藏與在京城傳法的馬祖

33　《宋高僧傳》卷十《智藏傳》。
34　《祖堂集》卷十五《西堂傳》。

的另一位弟子興善寺惟寬相提並論，比之為當年的「南能北秀」；並稱智藏之於馬祖、馬祖之於佛陀，如董仲舒之於孟子、孟子之於孔子，是一脈相承的大師。於是「覺（智藏）之巨名，江南眾師，在昔生存，厥後巍巍」。駐守江西的高級官員對他也十分崇敬，如虔州刺史李舟「事師精誠，如事孔顏」，洪州刺史江西觀察使李兼、齊映，虔州刺史、江州刺史李渤，江西觀察使薛放等都支援和崇敬他。元和年間智藏圓寂後，唐憲宗詔謚「大宣教禪師」，賜塔名「元和證真」。至穆宗時重謚「大覺禪師」，賜塔名「大寶光」。智藏弟子有虔州處微及國縱，都不甚出名，以致連累了他的名聲在後世也不大響亮。不過，由於智藏在中唐為洪州禪的正宗傳人，有好些來自異域的學生，如被稱為「新羅國禪宗初祖」的元寂道儀及實相洪直、桐裡慧徹，這又使他在異國名聲遠揚。

　　章敬懷暉（756-815 年），俗姓謝，泉州人，號稱「百岩大師」。據權德輿《故章敬寺百岩大師碑》及智本《百岩寺奉敕再修重建法堂記》載，懷暉在貞元中已名聲大噪，「凡其所止，道俗如市」，曾在今河北、山西等地傳授馬祖禪法，元和三年（808年）朝廷以國師之禮召至長安，居章敬寺，每年召入麟德殿講論[35]。《祖堂集》卷十四載：「師契大寂，宗教緇儒，奔趨法會，自以道響天庭，聞於鳳闕。元和初，奉徵詔對，位排僧錄首座以下，聖上顧問，僧首對曰：『僧依夏。』師當時六十夏，敕奉遷

35　《全唐文》卷五〇一權德輿《唐故章敬寺百岩大師碑銘並序》。

為座首，對聖上言論禪門法教，聖顏大悅，殷敬殊常，恩澤面臨，宣住章敬寺。大化京都，高懸佛日，都城名公義學競集，擊難者如雲，師乃大震雷音，群英首伏，投針契意者得意忘言。」除了論次祖師世系及南能北秀的分宗歷史外，其說以「心本清淨而無境，非遣境以會心，非去垢以取淨」，這種痛快直截的馬祖「心要」，使「薦紳先生知道入理者多游焉」，時人稱之為

· 寶華山志記載了西堂智藏事邁

一代「導師」**36**。興善惟寬（754-817 年），據白居易《傳法堂碑》載，馬祖圓寂後，曾先後到過閩、越等地弘傳禪法；貞元十三年（797 年）之後到了北方，在少林寺、衛國寺、天宮寺等處駐錫；元和四年（809 年）繼懷暉之後被唐憲宗召見於安國寺，次年又被請到麟德殿問法，後來一直住在長安最重要的大善寺，「徒殆千餘」**37**。他與懷暉一樣，在長安弘法時，一是以問答論辯的方式，在心性本淨、無修無念、禪離言說等問題上傳播了南宗馬祖一系的禪思想並贏得了不少文人士大夫；二是特別分清了

36　《文苑英華》卷八八六《故簾敬寺百岩大師碑》；《唐文續拾》卷八《百岩寺奉敕再修正建法堂記》，中華書局影印本，一九八三年。

37　《白居易集》卷四十一《傳法堂碑》，顧學頡校點本，中華書局一九七九年版。

馬祖禪的傳承系統，並向大眾宣傳了馬祖為南宗嫡系正宗的思想。由於惟寬的努力，是時洪州禪學大化京都，「玄學者奔湊」[38]。《宋高僧傳·南嶽觀音台懷讓傳》稱：「元和中，寬、暉至京師，揚其本宗，法門大啟，傳千百燈，京夏法寶鴻緒，於斯為盛。」惟寬和懷暉先後深入朝廷，在北宗、荷澤宗地盤樹起了洪州宗的旗幟，使南宗禪成了當時南北首屈一指風靡一時的佛教宗派，也使馬祖一系禪法成了南宗禪的不二法門。

通過以智藏、懷暉、惟寬等馬祖弟子們的努力，南北弘法傳禪，使洪州禪流布大江南北。特別是使洪州禪進入政治文化中心與皇帝對話，在文人士大夫中弘傳了新的禪思想，又因為他們清理門戶爭得了正宗地位，使洪州禪在貞元、元和年間迅速崛起並成為南宗禪的主流。

三　百丈懷海與《禪門規式》

倘若說智藏等人對馬祖禪法弘傳作用非小，那麼百丈懷海則在馬祖叢林制度建設上居功至偉，大大增強了禪宗的生命力與影響力。

百丈懷海（720-814年），俗姓王，福州長樂人。早年在西山慧照處出家，後至衡山法朗律師處受具

·百丈懷海禪師

38　《景德傳燈錄》卷七《懷暉傳》。

足戒，又往安徽廬江浮槎寺披閱藏經多年。其間聞聽馬祖在南康傳法，乃前去投師。他侍奉馬祖六年，「盡得心印，言簡理精」[39]。相傳師徒間有「野鴨子」公案，又有「祖（馬祖）振威一喝，師（懷海）直得三日耳聾」之說[40]。馬祖圓寂後，懷海先在石門山馬祖塔旁居住修行，不久移至洪州新吳（今奉新）大雄山修行傳法。大雄山岩巒高峻挺拔，人稱「百丈山」。當地人甘貞在大雄峰下建鄉居庵，仰慕懷海，遂請入庵住持，改名百丈寺。懷海亦被稱為「百丈懷海」。懷海在百丈山傳授馬祖洪州禪法，名聲日高，「禪客無遠不至」[41]、「磊納之人，駢肩累足，時號『大叢林』焉」[42]。

懷海繼承了馬祖的「即心即佛，非心非佛」以及「平常心是道」的思想，他說：「要向無佛處，坐大道場，自己作佛。」在體用關係上，更明確具體地闡發了即用顯體的南嶽禪法心要。他說：「靈光獨耀，迴脫根塵，體露真常，不拘文字。心性無染，本自圓成。但離妄緣，即如如佛。」[43]認為眾生心性本自圓滿成就，只要不被妄想所污染，就能隨事顯現，與諸佛無異。懷海向

39　《景德傳燈錄》卷六《懷海傳》載，某夜，弟子們隨侍馬祖賞月，馬祖問此時做何事為好。智藏說「正好供養」，懷海說「正好修行」，表現出二人對佛法見解的差異。馬祖沒有表示異議，意味深長地說：「經入藏，禪入海。」衿此馬祖似乎更贊許懷海。

40　《五燈會元》卷三《百丈懷海禪師》。

41　《宋高僧傳》卷十《懷海傳》。

42　《宋高僧傳》卷二十七《普岸傳》。

43　《五燈會元》卷三《百丈懷海禪師》。

參學者特別強調兩點：一是取消一切思念和追求，達到「心解脫」。《景德傳燈錄・懷海傳》載，有人問何為「大乘頓悟法門」，懷海說：「汝先歇諸緣，休息方事，善與不善、世出世間一切諸法，莫記憶，莫緣念，放捨身心，令其自在。心如木石，無所辨別，心無所行……」意為對一切是非、善惡的事物不要思慮，廢止一切對內外事物的好惡意識和取捨意向，甚至也「不求佛，不求知解，垢淨情盡」，也不守此意境，就達到心解脫；說「佛是無求人，求之即乖；理是無求理，求之即失」，即使是對「無求」本身的追求也是一種執著。二是從中道的角度理解佛法和傳授禪法。《古尊宿語錄》卷一載有懷海的《廣錄》，懷海教導弟子要學會辨別各種用語，對一切事物、語句不要執著，使心絕對「自由」，善於隨時運用不二的觀點來修學和傳法。因此「一切舉動施為，語默啼笑，盡是佛慧」。禪宗史上有名的「野狐禪」源自百丈懷海的「一轉語」使人脫野狐身之典，如今在百丈山上尚有「野狐岩」遺跡。

禪宗自慧能以來，以淨心、自悟為基本教旨，教信徒拋開繁瑣經典與清規戒律，自我「頓悟」、「立地成佛」，這帶來了禪宗的興盛，也促進了佛教中國化。但因南禪繼承了六朝以來江南佛學極為自由般若玄風，加上強烈的世俗化、功利化，消極的因素也不斷增長，禪徒往往養成虛矯、狂怪、否定一切的惡劣風氣。他們既不念經也不坐禪，信口開河便稱「談公案」、「鬥機鋒」，甚至公開毀佛滅祖；又不守戒，諸般醜行，無所不為。貞元年間柳宗元作《送琛上人南遊序》云：「而今言禪者，有流蕩舛誤，迭相師用，妄取空語，而脫略方便，顛倒真實，以陷乎己，而又

第五章·佛法鼎盛與道教風流

陷乎人。」長此以往，有佛將不佛、禪將不禪的趨勢，必將自毀教門。懷海惕於禪宗的嚴重危機，決心矯正風氣。開山伊始，即著力整頓禪門戒律，逐漸形成一套嚴格的寺院生活制度。他一反馬祖以來「好壞都無須思量」的宗旨，而以「諸惡莫作，眾善奉行」為清規總綱，採錄大小乘戒律，參考儒家禮法，創立簡易切要的《禪門規式》，因懷海有「百丈禪師」之稱，故又名《百丈清規》。據《景德傳燈錄·懷海傳》後附《禪門規式》，其主要內容包括：一、寺中主持教化者，居於「方丈」，「凡具道眼，有可尊之德者」，稱之為「長老」；二、不立佛殿，只建法堂，「表佛祖親囑受，當代為尊也」，同時以表示佛法的超乎言象；僧堂內設長連床、衣架等，禪僧可平等入內坐禪修行，按受戒年次安排次第；三、「除入室請益，任學者勤怠，或上或下，不拘常准」；四、「闔院大眾，朝參夕聚，長老上堂升座，主事徒眾雁立側聆，賓主問酬，激揚宗要」；五、「齋粥隨宜，二時均遍，務於節儉」；六、實行「普請」之法，參加勞動，「上下均力」。七、在管理上設十個職務，每個職務設一主持者，如主持伙食者為「飯頭」，主持種蔬菜者為「菜頭」等；八、對於假冒僧人混入寺院由寺維那檢舉，驅逐出院；對違犯清規者則「以拄杖杖之，集眾燒衣缽道具」，從側門逐出。

《禪門規式》中最體現立規原則的是「別立禪居」。《敕修百丈清規·古清規序》云：「百丈大智禪師，以禪宗肇自少室，至曹溪以來，多居律寺，雖列別院，然於說法住持，未合規度，故常爾介懷。……於是創意，別立禪居。」禪宗草創時期，主張「若欲修行，不由在寺」，禪宗師徒只以道相授受，無固定住

所。普通禪僧大多數無度牒、無寺籍，即使是禪僧領袖，也只是掛名於合法寺院，而本人卻離寺別居於岩洞、茅廬。自唐玄宗時期始，官方將禪師聚居於寺，改為律寺，將禪眾置於戒律之下。禪眾寄人籬下，顯然不利於禪宗的進一步發展。隨著禪宗日盛，宗匠常聚徒多人於一處，修禪辦道。百丈懷海以禪眾聚處，尊卑不分，於說法住持，未合規制，於是折中大小乘經律，創意別立禪居，定叢林之制。這正合禪眾擺脫律寺的意願與禪宗自身發展的需要。建禪居也意在檢束禪眾德行，改變當時叢林龍蛇混跡、凡聖同居的局面。

　　與禪居相配合，懷海注重禪居的組織建設。《禪門規式》所制定的寺院組織結構中，對班首、執事等人事安排非常重視其人的德行完善、人際和諧能力，修己達人的道德風貌成為選舉人事的重要條件。「今禪門所謂首座者，必擇其己事己辦，眾所服從，德業兼修者充之」，「……臨眾馭物則全體備用，所謂成己而成人者也。古猶東西易位而交職之，不以班資崇卑為嫌。欲其無爭，必慎擇所任，使各當其職」。此外，清規組織機構的紀綱司法方面，還設置都維那，專司對犯戒者的檢察、處置，以整肅紀律。維繫組織結構的是借助於儒家的忠孝思想。清規整體結構的前四章標題便是祝禧、報恩、報本、尊社，前二者說忠，後二者說孝，完全以忠孝為先。以後的開堂參拜禮儀，也是升座拈香，忠孝不忘，足見禪門規式對忠孝倫常的尊崇。在禪院的組織人事方面，清規制定了以方丈為中心的家族組織形式，僧徒按身份處於子孫地位，禪院的上下關係，類似封建家族成員的關係。

這一特色，使得禪門清規被稱做是「叢林禮法之大經」[44]，從此百丈清規成為天下叢林律儀的藍本，成為佛門僧團倫理與封建世俗倫理結合的宗綱，以至於宋代理學大師程顥偶游定林寺，歎「三代禮樂盡在此中」。

《禪門規式》的「普請」制度是對禪宗傳統的又一重大改革。普請即僧眾無論地位高下，人人必須經常參加勞動，以求生活的自給自足。據《五燈會元》卷三《百丈懷海禪師》載，「師凡作務執勞，必先於眾。主者不忍，密收作具而請息之。師曰：吾無德，爭合勞於人？既遍求作具不獲，而亦忘餐。故有『一日不作，一日不食』之語，流播寰宇矣」。懷海以其身體力行樹立了農禪並作的倫理規範。「普請」在印度佛教僧團中是戒律所禁止的，「持淨戒者不得販賣、貿易、安置田宅，畜養人民、奴婢、畜生，一切種植及諸財寶，皆當遠離，如避火坑，不得斬伐草木、墾土掘地」[45]。而懷海卻主張捨棄印度僧伽的生活方式，推行過集體勞作的僧團生活。懷海身體力行的「老僧在钁頭邊為大眾說法，大眾亦當共同於钁頭邊生活」的農禪之風，除了有助於心境融合，佛法與世事打成一片外，也有利於寺院經濟的自給自足，改變僧人的惰散習氣。黃敏枝先生說：「百丈懷海訂下的清規和叢林制度透露了新禪宗的由出世轉為入世的佛教經濟理論，被後世訛傳為百丈名言的『一日不作，一日不食』的信條道

44　《大正藏》卷四十八《至大清規序》。
45　《大正藏》第四十卷《佛遺教經論疏節要》。

出了這種實質的變化。僧眾肯定操持勞務的入世行為即是為將來出世成正果而鋪路，改弦更張，自謀生存，寺田的取得和經營就成為他們重要的謀生之道。」[46]更重要的是，「普請」的提出標誌著中國傳統的農本思想在佛教內部的最終確立。懷海之後，農禪之風成為禪林的良好傳統。《景德傳燈錄》和《五燈會元》中都記載了不少禪僧「神通及妙用，運水與搬柴」的農禪生活。仰山慧寂作著名偈語指導徒眾曰：「滔滔不持戒，兀兀不坐禪。釅茶三兩碗，意在钁頭邊。」黃檗開田、擇菜，溈山摘茶、合醬、泥壁，石霜篩米，雲巖作鞋，臨濟栽松、鋤地，仰山牧牛、開荒，洞山鋤茶園，雪峰斫槽、蒸飯，雲門擔米，玄沙斫柴，使得中土禪宗呈現一派生產勞動與持戒修行融成一體的農禪並作的獨特風光。

「普請」是中國僧眾自食其力、自給自足的生產生活方式深化的結果，也是懷海對禪宗極富歷史意義的改革與卓越的貢獻。佛教原始教義厭惡人身，輕視生產勞動。僧人的生活資料來源於施主檀越的布施和國家的直接供奉，因而有生以來就成為社會上的特殊寄生階層。六朝以來，由於寺院數目的氾濫，寄生人口的劇增，一部分下層僧侶迫於生計，不得已而從事生產經營，甚至刈禾種麥「與農夫齊流」，多少衝擊了外來的佛教傳統觀念，但並未改變禪門坐耗捐施、脫離生產的根本狀況。這種寄生的生活

46　《宋代佛教社會經濟史論集》第二章第 21 頁，轉引自嚴耀中：《江南佛教史》，上海人民出版社二〇〇〇年版，第 337 頁。

性質和習慣，若不進行較大的改變，勢必危及生存，更遑論發展。因為這不僅對宗門的傳承和凝聚極其不利，並且靠施捨供養而來的尊貴優越是沒有退路的，一旦社會動亂而經濟惡化，教徒們生活來源便會枯竭，更為嚴重的是它勢必引起佛教與世俗政權之間的經濟矛盾與衝突。南宗禪師大都於茅岩而居，生產自謀，經濟上無須依賴國家和權貴的供養，獨立性和穩定性相對較強。多據邊遠山野地帶，不建大寺，不造偶像；成佛不限於剃度，在農同樣可以修持，諸如此類，同佔據富麗豪華寺廟為活動據點的其他宗派相比，大大縮小了與國家的矛盾，從而成為佛教中最容易得到寬容的力量。安史之亂後，中央對於江南經濟上的需要日益迫切，它終於以完整的禪宗個性，得到皇朝的承認，在江西立穩了腳跟，並且進而影響大江南北。武宗會昌滅佛，中國佛教遭到毀滅性打擊，很多宗派從此一蹶不振，走向沒落。但南禪的僧侶們長期以來一直都在民間傳教，過著隱居般的生活；他們一向主張自耕自作，自力更生，在經濟上與政府的衝突不大。在會昌毀佛後，趁著其他佛教流派衰落之際反而蓬勃發展。這其中懷海改革的作用與意義不言而喻。余英時先生認為：在南北朝至唐安史之亂之前，中國佛教在經濟方面主要靠信徒的施賜、工商業經濟經營以及托缽行乞等方式來維持。安史之亂後，佛教大多失去了富族貴人的施捨，佛教徒走向了自食其力的道路[47]。這一情形

47　參見余英時：《士與中國文化》，上海人民出版社一九八七年版，第458頁。

對於以山林佛教為特徵的禪宗，尤其是南禪宗而言尤為突出，生產生活方式的演變決定了僧團倫理觀念的演變，而百丈清規正是這一演變的結晶。懷海之所以能提倡並實踐「普請」，也與江西地域密切相關。隋唐以來，江西是中國主要的農業開發地區，江西的每一座寺院，都是一個經濟實體，有相當數量的山地水田，有一批農業勞動者為其耕作，佛事與農事已密切結合在一起。

從東晉道安編定僧尼規範到南山道宣以《四分律》會通大乘，從中土對菩薩戒法的青睞到天臺、禪宗以心持戒、無相式法的持戒理念，都體現了如何使佛教戒律與中國佛教僧團生活實際相結合的問題，百丈清規的創制則標誌著中國特色的僧團倫理規範與持戒理念的形成[48]。百丈清規以博約折中之旨，超出佛門繁瑣戒律之藩

・百丈山「天下清規」石刻

籬，實行了對印度佛教戒律的徹底變革，依據現實的僧團生產生活方式，樹立了獨特的禪門倫理生活觀念，即一日不作，一日不食的工作倫理觀；又依據儒家倫常，改制了佛門律儀建立了僧團倫理規範，使得佛門從形式到內容都引入儒家思想，也從形式到

48　王月清：《中國佛教倫理》，南京大學出版社一九九九年版，第113頁。

內容實行了中土化，直至「持戒而背五常，何取為戒」[49]的觀念深入人心。懷海改革從而建立了中國叢林制度，確立了中國佛教戒律的獨特性走向：不主枯寂地坐禪、奉戒苦行，而是要在活潑的生活中去「觸類見道」，以入世方式在現實生活中實現其道德理想、解脫目標。於是，「天竺傳來的煩瑣無比的大小乘律，被懷海推倒，這在反天竺宗派上是一個成就」[50]。任繼愈先生指出：「禪宗思想的中國化，首先在於從生活方式和生產方式上的中國化。」[51]這維繫著唐末五代之後諸宗衰微之時的禪門隆盛，從而也從生活方式到倫理觀念的徹底改革，推進佛教中國化的歷程。正是懷海的改革，使禪宗成為一個獨立的具有中國特色的影響深遠的佛教宗派。

百丈清規不是佛教的正式戒律，但它嚴格地體現著佛門的自律，與戒律有著同樣的性質。懷海制訂的整套禪規不啻治病良方，管理僧眾十分方便有效，很快便被各禪寺所採納，沿用不替。《宋高僧傳·懷海傳》說：「天下禪宗，如風偃草，禪門獨行，由海之始也。」咸淳本《百丈清規·序》稱：「吾代之有清規，猶儒家之有禮經。」宋真宗時，信佛官僚楊億向朝廷呈進《百丈清規》，得到認可，遂為佛門正式戒律，天下禪寺一律遵行。此後禪宗寺院的清規不斷補充完備。懷海所制定的清規後世

49　《憨山老人夢游集》卷五《示袁大途》，江北刻經處本。
50　范文瀾：《唐代佛教》，人民出版社一九七九年版，第83頁。
51　見《中日佛教研究》中的《禪宗與中國文化》，中國社會科學出版社一九八九年版，第74頁。

稱《古清規》,《新唐書‧藝文志三》著錄「懷海《禪門規式》一卷」,久佚。到宋代有宗賾《禪苑清規》、宗壽《日用小清規》、惟勉《叢林校定清規總要》,此後最有名而且應用廣泛的是元順宗命百丈山德輝禪師重編而成的《敕修百丈清規》,收於《大正藏》第四十八卷。這些清規都吸收了《古清規》的基本內容。百丈寺因《百丈清規》而聞名天下。明代毛蘊德《百丈山》詩詠道:「雄風高百丈,香火鎮千秋。名譽魁多士,清規遍九州。」如今百丈山上還保留有唐代「百丈清規」等巨型石刻多處。據《唐洪州百丈山故懷海禪師塔銘》載,懷海卒於唐憲宗元和九年(814 年),終年六十五歲。長慶元年(821 年),唐廷穆宗追贈「大智禪師」之號,賜塔額曰「大寶勝輪」。後來唐宣宗又賜百丈寺「大智壽聖禪寺」之額。宣宗李忱此舉與其在百丈山的個人經歷相關。據說李忱為光王時受武宗迫害,受京城高僧指點,南下江西,入住百丈山,受到百丈寺僧侶的照應。李忱在新吳遍游當地山水名勝,今奉新「駕山」、「王見山」都因此得名;百丈寺的名景「流觴曲水」,乃李忱為了避暑鑿石引泉而來。此外,百丈山的大雄峰、犀牛瀑布、靈境亭等許多地方都留下了李忱的遊蹤,做了不少題詠。其中《百丈山》詩云:「大雄真跡枕危巒,梵宇層樓聳萬般。日月每從肩上過,山河長在掌中看。仙峰不間三春秀,靈境何時六月寒。更有上方人罕到,暮鐘朝磬碧雲端。」這首詩在讚譽奉新仙源靈境的同時,還流露出李忱欲君臨天下的雄心。唐大中元年(847 年),登基後的李忱,對為僧雲遊的日子難以忘懷,對百丈寺僧人的昔日照顧心存感激,因此賜百丈寺匾額,並在天下推崇佛教。

懷海有弟子三十人，後世最為著名的是希運、靈祐，臨濟宗、潙仰宗就分別出於他們二人的法系。弟子無言通，八二○年南下入安南（今越南），住北寧仙游建初寺，開始傳授百丈禪法，創立無言通派，後成為越南禪系的主流。弟子神行、梵雲將懷海生前的重要禪語結集編錄，當即《古尊宿語錄》附於《懷海錄》之後的《廣錄》。

四　五家分燈

隨著以洪州宗為代表的南禪宗勢力的興盛發展，其內部也開始發生分化。唐末五代天下紛亂時期，軍閥割據混戰，以官寺經濟為基礎的經院派諸宗一蹶不振，禪林進一步擴散轉移，國家對宗教的控制力嚴重削弱。南禪宗趁勢「一花開五葉」，形成潙仰宗、臨濟宗、曹洞宗、雲門宗、法眼宗「五家禪」，成為中國最發達的佛教宗派。入宋以後，又從臨濟中分出黃龍、楊岐二宗，合稱「五家七宗」。事實上，當時禪宗宗派多且複雜，難以用「五家七宗」囊括。五家禪的出現，並不是因為教理上的分歧，它們均皆繼承慧能的佛教思想，以《壇經》作為自身所依最要典據。其所以各立門戶，是由於接引學人的方法、態度、思想風格及禪門宗風的不同。表面上看是分裂，其實卻是禪宗發展的獨特表現形式。禪宗五家的相繼出現，標誌著禪宗發展到了它的繁榮鼎盛時期。禪宗中的臨濟、曹洞二宗興起後，其他宗派又莫及，有所謂「臨天下、曹一角」之說。五家禪都與江西地區有密切的關係，而以潙仰宗、曹洞宗為最，臨濟宗、雲門宗、法眼宗也淵源極深。

　　溈仰宗是以溈山（靈祐）、仰山（慧寂）合而名宗的。靈祐（771-853 年），俗姓趙，福州長溪（今福建霞浦）人。他十五歲出家，三年後入天臺山遇著名詩僧寒山，先習大小乘經律，繼參百丈懷海，得到百丈的深機深用，成為其「上首」弟子。懷海遣靈祐到潭州溈山（在今湖南寧鄉縣）弘法，溈山人煙本稀少，靈祐在那裡住了很多年，墾荒開田，修寺築院。以「方圓默契」的禪風，得當地人信仰，開闢了道場，徒眾多達一五〇〇人，其中最突出者是仰山慧寂。慧寂（807-883 年），俗姓葉，韶州湞昌（今廣東南雄）人，十七歲離家至慧能生前所在之住的南華寺，依通禪師出家。翌年受戒為沙彌。隨後，到吉州禮南陽慧忠的弟子耽源真應禪師為師。在此數年，學得從慧忠傳至真應的經畫圓相「〇」等圖形表示佛性和解脫道理的做法。此後到潭州的溈山對謁靈祐，成為弟子，在溈山前後約十四五年。

　　溈仰宗由溈山靈祐創立，仰山慧寂克紹其裘，發揚光大。《祖堂集・仰山和尚傳》載：「年三十五歲，領眾出世，住前後諸州府，節察剌史，相繼一十一人禮為師。師三處轉法輪。」慧寂三十五歲是唐武宗會昌元年（841 年）。慧寂離開溈山后先至袁州的仰

・仰山慧寂禪師

山傳法，創建棲隱寺。陸希聲《仰山大師塔銘》說：「居仰山日，法道大行，故今多以仰山為號。」慧寂繼承師父靈祐的衣

鉢，大弘禪風，學徒臻盛，盛冠一方，號稱「海眾摳衣，得道者不可勝計」[52]，遂成一家宗派，人稱「溈仰宗」。靈祐與慧寂師徒二人在禪法上基本繼承自馬祖、懷海以來的思想，主張修行者應當奉無為無事為宗旨，在平常的生活日用當中覺悟自性，自然而然地達到解脫，宣導農禪合一。然而在向弟子和參禪者傳授禪法的過程中，例如對頓悟、漸修等概念的解釋上，慧寂使用畫圓相表達佛性和修行解脫道理等方面，也形成了自己的特色。大約在咸通二年（861 年）前後，慧寂曾應江西觀察使韋宙之請，從仰山至洪州的府治所在地南昌的石亭觀音院（在今新建縣）傳法，僧俗向風而至，徒眾曾達五百人，因有「小迦釋」之號。此後，他回到故鄉韶州的東平山居住傳法，直至去世。仰山門下得道者難以計數，而且往往是有神異之術的人，豐城人仰山光湧是其中著名的一位。仰山光湧（850-938 年），俗姓章，幼年學儒學經史，十三歲學習佛法，後至石亭觀音院從慧寂出家。又至開元寺從「真公」學《維摩經》，十九歲時到襄州壽山寺受具足戒。慧寂接引參禪者，常以「和尚（按：慧寂自稱）何似驢」的問話來檢驗來者的語境，據說沒有人能作出令他滿意的答對。慧寂也用此語問光湧，光湧回避直接回答，說：「某甲見和尚亦不似佛。」慧寂追問：「既不似佛，似個什麼？」答曰：「若更有所似，與驢何別？」為此受到慧寂的賞識，說他：「凡聖兩忘，

· 曹洞宗祖庭——宜豐普利禪寺

情盡體露。」[53]在慧寂去世後，光湧到仰山棲隱寺居住傳法。此時鍾傳佔據洪州。鍾傳信奉佛教，「凡出軍攻佔，必禱佛祠」[54]。鍾傳聽聞光湧之名，派使者到仰山請他到府治所在地南昌。他不得已從使者到南昌，被安置到石亭觀音院。鍾傳死後，江西先後被五代的吳國、南唐佔領，在天祐十四年（917 年）光湧又回到仰山，於南唐昇元二年（938 年）去世。溈仰宗在仰山慧寂至仰山光湧兩代之時，是其興盛之時，此後逐漸衰微。在溈仰宗衰微後，臨濟、曹洞兩宗的釋家子弟代代相襲在此結庵修行。自唐至清的數百年間，仰山成為梵音不斷、佛燈不滅的佛門勝地。如今在宜春仰山上，據考古發現有「仰山小釋迦慧寂大通寶塔」銘花

53　《全唐文》卷八七〇宋齊邱《仰山光湧長老塔銘》。

54　《新唐書》卷一九〇《鍾傳傳》。

崗岩刻石。南宋范成大曾作《遊仰山謁小釋迦訪孚惠遺跡贈長老混融》詩，有「祖師抱膝坐石塔」句，證明南宋時為仰宗始祖慧寂的墓塔尚完好，曾引起詩人的仰慕之情。

曹洞宗，是晚唐形成的又一重要宗派，得名於洞山（良價）和曹山（本寂）。良價（807-869 年），俗姓俞，浙江會稽諸暨人。晚唐時的浙江本屬禪宗支派牛頭宗的化區，良價幼年在本地出家，並未接受牛頭禪的影響，而是輾轉跋涉，多年煉歷，始終參學在馬祖的洪州禪系和青原行思的禪系下。初參南泉禪師，後至雲岩參曇晟禪師。曇晟（781-841 年），俗姓王，建昌（今永修）人，少年出家，初從百丈懷海學佛，在奉新百丈山住了近二十年，懷海死後改換門廷，師從惟儼。著有《寶鏡三昧》，用對鏡而立，形影相向的關係，說明體用的融合，成為曹洞宗重要文獻之一。曇晟在禪宗史上的功勞是培養出了洞山良價，開曹洞宗先導。良價以「無情說法」公案義得曇晟心印。會昌法難前，良價告別老師曇晟，準備踏勘山頭。曇晟問他：「甚麼處去？」良價說：「雖離和尚，未卜行止。」曇晟曰：「莫非去湖南？」答曰：「不是。」曇晟問：「莫非回家鄉？」答曰：「不是。」其實良價自己也不知道將向何所。不久，武宗滅佛事件發生，良價正在瀏陽雲遊，邂逅混跡於平民的慶諸禪師。慶諸是江西人，青原禪系下道吾的弟子，道吾與曇晟同窗，那麼慶諸也算是良價的從兄弟了。當良價請教「風生浪起時」應向何處去的問題時，慶諸毫不猶豫地告訴他：「湖南城裡太煞鬧，有人不肯過江西。」激勵良價到江西傳法。良價受其啟發，結束漂泊，於唐大中末年（860 年），轉至江西洞山安居創業。傳說良價初在修水縣的雲岩

禪院，某天途徑宜豐縣的洞水（即葛溪），見到自己水中的身影，頓時悟出佛理，於是定居在洞山（今宜豐縣北同安鄉），建廣福寺，後更名普利禪寺。良價曾在靖安泐潭寺編《大乘經要》，在新豐山接引學人。又曾到宜春南源廣利寺參學馬祖大弟子道明。道明對他說：多學佛法，廣作利益。洞山問：如何是廣作利益？道明答：一物莫違。良價在洞山大行禪法，倡「五位君臣說」，立「曹洞宗」之基本意旨。《宋高僧傳・良價傳》載，良價教人習禪，要像耕牛一樣。他說：「心種種馳求，覓佛覓祖，乃至菩提、涅槃，幾時休歇。……不如犁牛白牯兀兀無知，不知佛，不知祖，乃至菩提涅槃、善惡因果。但饑來吃草，渴來飲水。」慧能教人不要向外求佛，菩提只向心覓，良價則直言一切都不要尋覓，這明顯地受到洪州禪的影響。良價說法逐漸遠近聞名，乃至日本僧瓦室能光，曾住洞山三十年，向良價學習禪法。不過，良價傳法比較孤立，與地方官尚無直接往來就是一個證明。

曹洞宗雖奉良價為創始人，但真正使之發揚光大的是曹山本寂。本寂（840-901 年），俗姓黃，福建泉州莆田人。自幼習儒家經典，十九歲在福州雲名山出家，二十五歲受具足戒，投洞山良價門下，密契玄機，得其心傳。後本寂告別良價，受信士王若一之請至撫州荷玉山荷玉寺（今宜黃縣北）居住傳法，後以追慕六祖遺風，改所住山為「曹山」，所住寺亦更名「曹山寺」。他主要闡說糅合佛學、儒學，大振洞山良價禪風，從而創立了「曹洞宗」。曹洞宗在教義上教法上最有特色的是「五位君臣」說。所謂「五位君臣」，謂君是正，臣是偏，臣向君是偏中正，君向

臣是正中偏，君臣道合是兼帶。它首先出自洞山良價的《五位君
臣頌》：把佛性與大千世界的關係，附會為君主與臣民的關係，
佛性是君，居正位，是本體，是空；客觀世界是臣，居偏位，是
實用，是色；佛性是世界本源，萬物是佛性體現。本寂更是將佛
教與封建倫理密切結合，為世俗政權服務。他指出，所謂君，是
「妙德尊環宇，高明朗大虛」；臣是「靈機弘聖道，真智利群生」；
「君臣合道」則是「混然無內外，含融上下平」。曹洞宗的「五
位君臣」體現了其「家風細密，言行相應，隨機利物，就語接
人」的特點，與臨濟宗的大刀闊斧形成鮮明的對比。臨濟宗接引
學人，有三玄、三要、四料簡等施設，其語句作略，機鋒峻峭嚴
刻，行「五逆聞雷」之喝，如鐵擊石，火光閃閃，機用乃現。曹
洞宗在「五家」中的影響僅次於臨濟宗，並以獨特的風格而令人
注目。本寂說法影響很大，前來參禪問學者常達兩三百人，號稱
「參問之者，堂盈室滿」[55]、「洞上玄風，播於天下」[56]。時據洪
州的南平王鍾傳三次遣使往曹山迎請本寂入城說法，本寂不為所
動，答以大梅和尚《山居松》詩，詩曰：「摧殘枯木倚寒林，幾
度逢春不變心，樵客遇之猶不顧，郢人那解苦追尋。」卒葬曹山
西阿，謚號元證，塔曰福圓。

　　良價弟子道膺（？-902 年），俗姓王，河北玉田人。少年出
家，後至翠微山參無學禪師，三年後慕名至洞山拜良價，得其玄

55　《宋高僧傳》卷十三《本寂傳》。
56　《五燈會元》卷十三《曹山本寂禪師》。

旨，良價稱其為「室中領袖」。唐昭宗統治時期，初開法於三峰山，再轉至建昌縣「冠世絕境」的雲居山修行傳法。山中禪寺最早建於唐元和三年（808 年），有名僧道容禪師住此。道膺來後，雲居山便成江西有名的大道場，「所化之徒，寒暑相交，不下一千餘眾」，而且「四方饋供，千里風從」[57]。因雲居之名，朝廷賜額「龍昌禪院」。道膺雖得曹洞真傳，然不拘「五位君臣說」，講究萬法一心，安心為本，得到鍾傳、成汭等地方官僚的支援和資助。道膺門下見史載的法嗣有二十八人，活動於贛、浙、湘、皖等地，後世的曹洞宗實際是通過道膺的法系傳承下來的。特別值得一提的是，新羅利嚴於道膺處得法後歸國，在須彌山建廣照寺，創今韓國曹洞宗須彌山派。良價的另一弟子休靜也為佛法的傳播貢獻不小。良價行將謝世時，教誨休靜說，最適宜禪宗生存與傳播的土地是南方，如今江西已盛，往南推化，必有前途。休靜遵從老師的意旨，往福州東山的華嚴寺傳法，從學僧眾逾千，成為閩南著名的曹洞傳人。從良價傳法的事蹟看，江西的禪流不僅重視創法立派，而且認真考慮在南方未盡開發地區建立自己的勢力範圍，這對於禪宗的發展頗具積極意義。

曹洞宗於五代，其盛勢不減於唐代，聲播海內外。續弘各地的本寂弟子有：洞山道延、曹山光慧、智炬、慧霞；南豐金峰從志。道膺弟子有：雲居懷岳、道簡、昌禪師、新羅國學僧利嚴；永修鳳棲山同安寺道丕禪師，丕徒觀南禪師；廬山歸宗澹權、懷

57　《宋高僧傳》卷十二《道膺傳》。

惲及懷惲之徒弘章；洪州大善寺慧海。匡仁弟子有：疏山證禪師；百丈山寺明照禪師（新羅人）、超禪師（東海人）；黃檗山寺慧禪師；五峰山寺遇禪師及遇徒紹禪師；南昌天王院和尚。鹿門處真弟子有廬山佛手岩行因禪師。道延法嗣有上藍院慶禪師；同安慧敏禪師。從志法嗣有廬山天池寺智隆，智隆得法後先於廬山紫霄峰結茅而居三年。同安道丕法嗣有仰山和尚。如此眾多的禪師弘法於江西，尤其是韓國學僧學成後留居中國，且住持百丈山寺，實屬難得。

臨濟宗也是晚唐出現的一個禪派，其創始人雖為義玄，但乃師黃檗希運是極其關鍵的人物。黃檗希運（？-855 年），福州人，幼年在本州黃檗山（在今福清縣內）出家。後游方，到過浙江天臺山，遊歷京都時受一位當年曾從南陽慧忠禪師受法的女老居士的啟發，到洪州參訪百丈懷海，受到懷海的賞識，領受馬祖「大機大用」禪法。從懷海嗣法後來到洪州高安縣的黃檗山寺（在今宜豐縣西）傳法。黃檗山原名鷲峰山，山高林密，層巒疊嶂。黃檗寺初建於唐德宗時期，建有殿堂、道場數幢。希運住持時，寺中禪僧常達四五百人，往來的名人學者也很多。大約在這時期，希遠在萬載開基創建崇信寺、光化院、延壽院。唐武宗會昌元年（841 年）裴休出任洪州刺史、江西觀察使時，即與希運相識並由此保持密切關係。裴休曾到寺中，見供有古德遺像，問寺中眾僧：「遺像在此，古德在何處？」無一人答出。希運大呼道：「裴休！」裴休不覺應了一聲，希運道：「這便是。」裴休欣然領悟。會昌二年（842 年）裴休因希運名望，特地迎請他到洪州的治所所在地鍾陵的龍興寺，「旦夕問道」。裴休對希運十

分敬仰，特撰詩曰：「自從大士傳心印，額有圓珠七尺身。持錫十年棲蜀水，浮杯今日渡章濱。一千龍象隨步高，萬里香華結勝因。擬欲事師為弟子，不知將法付何人。」[58]此詩大意是表達作者懷著對希運的景仰之情，邀請他離開隱棲十年之久的黃檗山，渡過章水到鍾陵傳法，衷心希望拜他為師，從受心法。希運曾到洪州大安寺居住傳法，慕名前來參學者很多。唐武宗滅佛時，希運與弟子隱棲山林。唐宣宗即位，恢復佛法，他又出來傳法。大中二年（848 年）裴休轉任宣州刺史時，又迎請希運到宣州治所宣城的宛陵開元寺，傳授禪法。裴休常去參問，並記錄所說法要，即為後來行世的《黃檗斷山際禪師傳心法要》、《黃檗斷際禪師宛陵錄》。希運雖繼承馬祖以來的禪法，但也有所發展。首先，把「心」一元化推到了極點。他說「唯有一心，更無別法」，宣稱佛、眾生是心，萬法是心，一切生命體所存在的環境也是心，宇宙一切無非是心的顯現，是心之所造。因為禪宗的一切理論的落腳點畢竟是解脫問題，所以希運在說法中常稱此心是「靈覺性」、「本源清淨心」、「精明」等，更強調此心是人達到覺悟的內在依據──「自性」、「本性」。從其最後發展結果來說，人人是佛；從本質說來，佛也就是眾生。他曾對裴休說，達摩祖師西來「直反映一切人全體是佛」[59]，目的是讓人產生自信，自修自悟。其次，希運更加強調「空」，在解脫論上把「見

58　《景德傳燈錄》卷九《希運傳》。
59　《古尊宿語錄》卷二《黃檗禪師》。

性」與「無心」等同。他雖然反復強調心在解脫中的決定意義，但卻反對人們對心作實體性的理解。他一再將心與空、無聯結在一起，把所謂「無心」、「忘心」、「無為」、「無求」看做是心的本質，心的本來面貌。宣稱達到「無心」、「無求」的境地，也就是達到解脫。在此，所謂「無心」、「無求」等，與馬祖所說的「道不用修」、「平常心」等是一致的。再次希運認為，佛法不可思議，開口即錯，用心即乖。因此對參禪初學者或以棒打，或大喝一聲，或棒喝交施，用以暗示和啟悟對方，從而形成了一種特殊的施教方式，開臨濟宗之風。相傳「棒」的使用，始於黃蘗希運和德山宣鑒；「喝」的使用，始於臨濟義玄。故有「德山棒，臨濟喝」的說法。「棒打」是以心傳心，心心相印的佛法，到禪宗末流，便失去了它最初的意義。

大中九年（855 年），希運去世，敕諡「斷際禪師」，塔額「廣業」，黃蘗山現依然保持有希運禪師塔。希運門下著名的弟子中，有道縱在睦州、楚南在杭州、靈觀在福州傳法，義玄開創臨濟宗。義玄（？-867年），山東曹州人，俗姓邢。少年出家，在黃蘗山希運處長期

・希運禪師

三十七世黃蘗希運禪師

學法，得到希運的印可後，輾轉來到北方，在河北鎮州（今河北正定）滹沱河的一座小小的寺院建立臨濟寺院，獨樹一幟，門葉極其繁榮，成為一大宗派「臨濟宗」。臨濟宗圍繞主觀與客觀、

思維與存在的關係問題，提出了「四料揀」、「四賓主」和「四照用」等範疇，宣揚其宗法。在傳法方式上，義玄青出於藍而勝於藍，當初百丈懷海被馬祖大師一喝「直得三日耳聾眼黑」，義玄從他教師黃檗希運處三度被打而念念不忘，到臨濟門下，棒下呵斥完全成了交流某種道理的仲介、於是，一喝大地震動，一棒須彌粉碎遂成為臨濟宗的宗風。義玄門下高足多人，其中存獎還曾於咸通二年（861年）訪問江西，受到正在南昌開堂傳法的慧寂的歡迎。存獎在法堂上「面陳奧義，眾莫能分，和尚立以剖之，如刀解物。仰山目貽擊指，稱歎再三」[60]。慧寂於輩分上是存獎的師叔，他對存獎的禪法理解表示讚賞。臨濟宗是在洪州禪基礎上發展起來的宗派，在唐末五代時得到迅速發展，成為後期禪宗五家傳承最久遠、影響最廣泛的一家。

從洪州禪的形成到溈仰、曹洞宗的創立，江西一直是中國禪宗傳播的中心之一。這一局面直到慧能第七世後才有所改變，當時正值唐末五代，福建、兩浙和嶺南取代江西、湖南而成為禪宗的新興中心。在禪宗傳播重心東移過程中，福州象骨山雪峰宗的義存發揮了最為重要的作用。義存為希遷一系的弟子，當時福建、兩浙的禪宗僧侶幾乎全部出自他的門下，成為唐末五代南方禪宗的宗師人物。

文偃（864-949年），俗姓張，姑蘇嘉興人。《大正藏・傳法正宗記》說他「天性穎悟，幼不類常童」。《景德傳燈錄》卷十

60　《文苑英華》卷八六八公乘億《魏州故禪大德獎公碑》。

七說他出家後先後於各地參學，蒙雪峰義存「印可」，後住韶州雲門山光泰院，發揮獨妙的宗致，創立了雲門宗。文偃把自己所開創的雲門宗的思想概括為「函蓋乾坤句」、「截斷眾流句」和「隨波逐浪句」三句話。「函蓋乾坤句」講的是世界觀。雲門宗認為，世界上的一切，都是「真如」派生的，「真如」是宇宙萬有的「本體」，「乾坤萬象」都是由真如變現出來的。「截斷眾流句」講的是認識論。雲門宗對這一句的解釋是：「堆山積嶽，一盡塵埃，擬論玄妙，冰消瓦解；本非解會，排疊將來，不消一字，萬機頓息。」意思就是說，「堆山積嶽」的「乾坤萬象」，都非真正的認識（「解會」）物件。因為只要一「論」及「玄妙」的「真如」，這些「排疊將來」的宇宙萬有，就會立即「萬機頓息」，「冰消瓦解」。這是叫人們只去臆想他們虛構的「真如」，而不去認識真正存在的客觀世界。「隨波逐浪句」，這基本上是雲門宗人的方法論。為了追求「真如」，人們必須「隨波逐浪」去「因語識人」、「應病與藥」，也就是從表面現象去認識實質。雲門宗把他們的「三句」思想比作「雲門劍」、「吹毛劍」，意思是說它「鋒利」無比，能夠「截斷眾流」「斬盡一切」。這表明雲門宗在佛法上的堅決與徹底。

　　文偃創宗前遍參江西名山尊宿，於南唐保大六年（948 年）在廬山建淨住院和道林院，又於永修縣建寺而住靜。其著名門徒弘傳於江西的有：清稟，先受南唐國主之請住金陵光睦、澄心，後弘法於宜豐洞山。雲震，從文偃得法後弘傳於鉛山鵝湖。清耀，得文偃印可後開法於廬山開先寺。鑒禪師，開法於廬山化城寺。欽禪師開法於信州西禪寺。道謙住持靖安泐潭寶峰寺。承古

先後住在廬山、雲居山，北宋時受范仲淹之請弘法於波陽縣城薦福寺，法濟住持宜豐黃檗山寺，康國耀禪師弘化於信州，護國和尚弘化於廬山等等。他們住持的都是江西境內的名山大寺，學徒雲集，極盛一時。

大約至五代晚期，義存首席弟子玄沙師備的再傳清涼文益創立了法眼宗。文益（855-958年），俗姓魯，余杭人。《傳法正宗記》卷八說他「旁探儒術，文藝可觀」。自幼出家，首先遊學閩浙，得法於漳州羅漢寺桂琛；後住金陵清涼院，故被稱為清涼文益，死後受南唐中主李璟之謚「大法眼禪師」，其禪派遂被稱為「法眼宗」。法眼宗奉玄沙師備為法眼宗的始祖。法眼宗宣稱「三界唯心，萬法唯識」，但它不同於唯識宗，而是近似於華嚴宗，同時還襲用華嚴宗的「六相」之法，表明文益法眼宗深受華嚴宗影響。法眼宗的「門庭」、「家風」是所謂「箭鋒相柱，句意合機」、「對病施藥，相身裁衣」，也是非常靈活的。

文益從羅漢桂琛得法後，受撫州州牧之請住持撫州崇壽院（後改名地藏寺），開堂說法，名噪一時，四方學人雲集，常達千人。德紹國師、道潛、慧明、紹岩、契稠、良匡、道恒、清錫、紹顯、慧圓、道欽、策真、義柔、覆船等高僧皆得法於崇壽。有的弘化於江西名山大寺，有的弘化於蘇、浙、閩，他們都是創立一大新宗派的宗匠。文益聞名於江西後，南唐開國主李昇聞之而請居金陵報恩禪院，並尊文益為國師。文益後居清涼寺而終。文益在撫州和金陵創立的法眼宗，在南唐開國君主李昇和中主李璟的護持下，風行一時，在江西地區影響較大。文益的繼承人天臺德韶又成為吳越國的國師。當時南唐滅了楚國，又與吳越

分了閩國，疆域達到極盛，法眼宗在南唐與吳越兩國政府的保護與支援下在東南地區廣泛傳播，迅速發展，成為禪宗傳播的主流。

　　五家禪總的說來以江西地區為基地，以洪州禪、石頭禪為中心，雜取諸說，隨機應變，且相互發揚，但又各有宗風特色。自古有「臨濟將軍，曹洞土民」之說，表明兩家宗風的迥異。雲門宗函蓋乾坤、截斷眾流、隨波逐浪之三句，號稱「雲門劍」，語言亦極鋒利。其接引學人手段常用「一字關」，孤危聳峻，人難湊泊。溈仰宗則方圓默契，如谷應韻，似關合等。其想生、相生、流注生「三種生」之論，乃是慧能所倡明心見性、即可成佛學說的具體發揮。法眼宗主要特色認為「一切現成」，即理事圓融，並非人為安排，而是本來如此。其接化學人方法，初則語句平和，終則激發，漸服人心，疑難冰釋。由洪州禪的形成以及五家七宗的產生，說明江西地區的高僧大德們注重與時俱進地理論創新，注重理論連繫實際，注重開宗立派。這是唐五代時期江西佛教發展不可或缺的巨大動力。

五　佛教興盛與民眾信仰

　　寺廟的規模和數量、高僧大德以及普通僧尼、信仰民眾的多少及虔誠程度，是衡量佛教興盛的重要標誌。隋唐五代江西境內「玉宇梵宮，波起雲湧，名德宿望，時出其間」[61]，關於隋代江

61　謝祖安修、蘇玉賢撰《民國宜春縣誌》，見《中國地方誌集成・江西

西寺廟建造的情況前文已有敘述，這裡以唐五代的寺廟建造為例說明。

　　唐朝建寺，基本遵照隋代按政區立寺的原則，依朝廷之命，京師、州縣置寺，在大唐政區內確立了有序的佛寺一統群系。李淵即位後下詔規定，京師只置三寺，「唯立千僧」，其餘「並放還桑梓」[62]。「掃定東夏」之後又敕「州別一寺，留三十僧，餘者從俗」[63]。此後，沙汰僧道的詔敕屢見。但唐代江西受政府限寺的政策影響較小，寺院數量反而有較大的增長。五代南唐時期，統治者佞佛，江西寺院數量繼續增長。唐五代江西地區的眾多廟宇，一部分是承繼六朝隋朝外，大部分則是新建。按《續高僧傳》和《宋高僧傳》記，唐五代全國佛寺七九五所，江西地區四十五所。即洪州二十所：天宮寺、報國寺、開元寺、觀音院、大明寺、龍興寺、興果寺、建昌寺、東明寺（後改世福寺）、大慶寺、鍾陵龍興寺、南平院、鍾陵雲居寺、自水院、黃檗山寺、洞山禪院、百丈山禪院、雲居山禪院、大溈山同慶寺、大溈山寺；江州七所：東禪寺、興果精舍、開元寺、遠公淨土觀堂、棲賢寺、歸宗淨院、雙溪院；饒州一所：水昌寺；虔州三所：西堂、龔公山禪院、平田山寶積院；吉州四所：馬田寺、龍興寺、三顧山雲亭院、應國禪院；袁州二所：蒙山禪院、陽岐山禪院；

　　府縣誌輯》，江蘇古籍出版社一九九六年版，第403頁。
62　《高僧傳》二集卷三十二《釋法琳傳》。
63　《高僧傳》二集卷三十一《釋慧乘傳》。

信州三所：西禪院、鵝湖寺、福寧寺；撫州五所：崇壽寺、景雲寺、疏山禪院、曹山禪院、龍牙山妙濟禪院。按《舊唐書》著錄有額佛寺一一〇所，《新唐書》補《舊唐書》未記四所，共一一四所，其中江西有五所。即江州遺愛寺、東林寺、西林寺三所，及洪州寶曆寺、開元寺二所。按《方志》彙計東漢至唐建寺，累積共為五三三五所，其中唐代建寺三九〇一所。江西共有七六六所，歙州婺源二十八所、洪州一七六所、江州一一四所、饒州一二五所、虔州四十八所、吉州一二四所、袁州二十五所、信州六十七所、撫州五十九所[64]。據研究者不完全統計，在這期間新增建的寺院達四二〇餘所[65]。根據以上的統計，唐五代江西寺院數量超過任何歷史階段，在全國佔有較大的比重，比隋代有了明顯的上升。從寺院的分布來看，江西全境都有分布，比隋代更顯均衡，贛北尤其是贛西北佛教極其興盛。

隋唐五代江西地區寺院數量大增，除了受全國建寺風潮的影響外，更主要的是本區佛教興盛，高僧大德們重視建造寺院。眾所周知，在漢地佛寺發展過程中，禪宗特別注重開闢「叢林」，僅馬祖道一創建或居留過的寺院即達二十餘所：金溪石門寺、東岩寺；宜黃石鞏寺；贛州馬祖岩、寶華寺；靖安法藥寺、雲峰寺、暇僧寺；安義大唐寺、開陽院；豐城定明寺、淨住寺、壽昌

64　統計數字參考了張弓《漢唐佛寺文化史》（中國社會科學出版社 1997年版）第 108-151 頁的相關內容。

65　許懷林《江西史稿》，江西高校出版社一九九八年版，第 186 頁。

寺、梵慧寺、慧燈寺、海慧寺、光福寺、華嚴寺、資善寺；新建禪悟寺；九江馬祖寺、明真寺；永修大果寺、馬祖院；都昌新開寺、資福寺、禪山寺、梅洞寺、佛興寺；修水正濟寺、五竺寺、澄心寺；萬載峰頂院。江西禪宗高僧輩出，所創立禪林的數量之多可想而知。北宋蘇轍《聖壽院記》記述高安佛教時寫道：「高安本豫章之屬邑，居溪山之間，四方舟車之所不由，水有蛟蜃，野有虎豹，其人稼穡漁獵，其利粳稻、竹箭、粳楠、茶楮……唐儀鳳中，六祖以佛法化嶺南，再傳而馬祖興於江西，於是洞山有價，黃檗有運，真如有愚，九峰有虔，五峰有觀。高安雖小邦，而五道場在焉，則諸方游談之僧，接跡於其地，至於以禪名精舍者二十有四，此二者皆他方之所無。」[66]此「高安」，是指宋代的筠州，包括高安、上高、新昌（今宜豐）三縣。高安地多丘陵山地，區域雖小、交通雖不大方便，卻僻靜而富庶，適宜農禪結合，是僧道樂意棲息的地域。唐儀鳳（676-679 年）以後南禪宗因而在此傳播與興盛，洞山良價、黃檗希運，開創曹洞、臨濟；禪宗五道場形成，並以此為中心影響周邊，建造了二十多座禪寺精舍。高安的情形，是江西佛教寺院興盛的一個縮影。

任何種類的文化都離不開賴以生存發展的社會環境以及由政治、經濟、軍事、文教以及民俗風情等因素形成的特定人文土壤。隋唐五代江西地區佛教名僧輩出、宗派競起、廟宇鼎盛、信徒眾多，一派興旺發達的景象。這其中的緣由，除了佛教人士努

66　光緒《江西通志》卷一二〇蘇轍《聖壽院記》。

力弘教外，更有本區的政治、經濟、地理等因素的影響與作用，以及基於信仰的深厚人文思想。正是在江西，佛教完成了它中國化的過程，進一步將佛教文化發揚光大。

　　隋唐以來，江西的經濟發展迅速，奠定了佛教興盛的基礎。安史之亂後，江西成為全國著名的社會仍能安定、經濟仍能持續發展的區域所在，也是北方人口南移的重心所在，不少禪徒南流其中。不僅到北方說法的南僧回歸，連北方的許多僧人也望南而來。如唐戴叔倫《送僧南歸》詩所云：「兵塵猶澒洞，僧舍亦徵求。師向江南去，予方轂下留。」吳融《送僧南遊》：「戰鞞鳴未已，瓶屨抵何鄉。」而以嶺南為中心的南派禪宗要北上擴大影響，江西地區也是重要的途徑。因此，南北禪宗往往融會於此，招致更多的信徒和參學之流進入江西。自安史之亂起，以京畿為中心的北方多年戰亂，使京派禪師遭受嚴重打擊，其禪系勢力大為削弱，統治地位隨之而動搖。南宗無形之中奪得禪宗領袖地位，這促使南宗的迅猛發展。而各宗門間，加劇了爭奪正宗法嗣的鬥爭。僅宗密撰《禪源諸詮集》所收「殆且百家，宗義別者，猶將十室」。這種狀況，一直延續到唐武宗發動的會昌滅佛運動，前後約九十年。江西地區離朝廷較遠，所受政治影響相對薄弱，中央的抑佛活動在此變得無力，遂使本區許多寺廟蔚為「禪侶雲集」的盛況。唐末五代之際，戰亂頻繁，割據者激烈爭鬥，恣行殺掠，造成了中原社會經濟的進一步凋敝，社會經濟重心迅速南移。江西先後屬楊吳和南唐，這兩個政權在南方諸國中是疆土最廣、實力最強的。為了擴展勢力範圍，積蓄經濟後勁，統治者課農勸桑，招來商旅，鼓勵手工業生產，逐步結束了亂無寧日

的狀態，社會經濟得到一定程度的恢復和發展。作為南唐政權後方的江西，經濟文化保持上升趨勢，在全國經濟文化中的地位顯著。南唐還因為懾於後周對淮南的軍事攻勢，於交泰二年（959年）十一月升洪州為南昌府，建為南都。這個臨時舉措，無異於又將政治文化中心遷到了江西。而南唐君臣又都是佛的信徒[67]，這對於江西佛教的發展無疑是推波助瀾。

江西便利的地理交通和優越的自然環境也是佛教（禪宗）紮根於本區的重要因素。六朝時，江西北部水路交通便利，佛教傳入亦較早，廬山幾成南方佛教中心。隋唐江西的水陸交通體系基本完備，成為南部中國交通網絡中的一個關鍵。交通發達的地方是一方社會中心，人口、財富流動、彙集之地，也是千變萬化的人生戰場，時時上演著謀取各種利益成與敗的悲喜劇，精神上需要刺激、寄託或超脫、寬慰，因而成為僧侶推銷佛教、謀取布施的最好市場，也容易產生轟動效應。唐天寶八年（749年），著名的鑒真和尚東渡日本，中途遇風暴折回。他從廣州乘船至韶州，陸行過大庾嶺。此後在江西境內由南向北，遊化了數座名山大寺。鑒真先落腳虔州，住開元寺，又至吉州住青原山安隱寺，至江州廬山住東林寺，再住潯陽龍泉寺，然後乘船下長江至揚州。僧侶們南來北往東走西去活躍在江西交通大動脈上，交匯與聚集就成了很自然的事。佛教寺院講究環境觀感和氣勢，從而襯

67　關於南唐君臣佞佛的事蹟，參見鄒勁風：《南唐國史》，南京大學出版社二〇〇三年版，第 141-143 頁。

托出其莊嚴空寂，借助自然環境以利於修行和宣揚佛法。餘靖《韶州白雲山延禪院傳法記》云：「大抵南方富於山水，號為千巖競秀，萬壑爭流，所以浮屠之居，必獲奇勝之域也。」[68]謝逸《上高淨眾禪院記》云：「天下佳山水，莫富於東南，有道之士廬其中者，十常八九。」[69]凡是當時人們所熟知的山水名勝，大都不再是偏僻之地，自然不會人煙稀少，而且多有往來遊客，足以供養。江西許多地方山清水秀，風景怡人，對修身養性的僧尼極富吸引力。

隋唐五代江西地區佛教（禪宗）蓬勃興旺，與本區的文化發展有關。一般說來，佛教的發展依仗於文化的發展，佛教興盛之地與文化發達之地基本一致。在文化落後的地區，佛教通常是簡陋的，其理論是難以發揚光大，進不了心靈的層次，有佛無教。這一時期，江西地區文化水準普遍提高，自然有利於佛教理論的創造、傳播與發揚光大。同時，本區民情風俗、文化觀念與精神也極有利於佛教的發展。江西人柔弱，外在力量不強，情緒的宣洩向心靈深處發展，道家思想比較活躍，性情比較放達。封建禮教傳統也不深厚，習俗中非禮法性成分很大，在精神上保持一定程度的獨立和自由心態。這種精神狀態與佛教禪宗有相通之處。唐以來南禪宗的發展主要都集中在圍繞心性理論做出新的發揮，同時，又都進一步與中土傳統相融合。慧能提出「無念為宗，無

68 《武溪集》卷八。
69 《溪堂集》卷七。

相為體，無住為本」，主張「頓悟見性」，從而把北宗的心性修養功夫變成了對「自性」的體認。這種簡法便易的求道理論和方式，完全和中土學術求簡易的精神相契合；而其要求的「頓悟」「見性」的神秘的內證方法，又與孟子的「不慮而知」、「求其放心」和老莊的「絕聖棄智」、「心齋」、「坐忘」有共通之處[70]。基於江西文化土壤的洪州禪更是把南宗的強調內心體驗的禪轉變為人生踐履的禪。它明確提出「平常心是道」，禪等同於平常的人生。在這種從根本上否定宗教目標和修持行為的禪觀指導下，實際上是把南宗禪的純任主觀的心性說發展到了極致，也極大地推動了南禪宗的世俗化進程，從而更加適合和吸引官僚士大夫和普通民眾信仰。當然，洪州禪此舉，帶來了正反兩方面的影響和作用。葛兆光先生指出：「洪州宗為代表的南宗禪在中唐以後的勝利，對於禪宗來說有幸有不幸：幸的是它終於完成了禪思想的中國化歷程，使它的理路有了一個終結，把般若之空與老莊之無融會貫通成為一種自然人生的最高境界，進入了中古文人士大夫的生活；不幸的是它自己也從而衰減了它對意識形態的正面影響力，成了宗教性自我瓦解的內在因素，從而無法收拾中唐以來散亂的人心，當歷史需要一種思想來約束人心，時代需要一種意識來重建秩序，它就無法起到應有的作用。」[71]這一消極影響和作

70　分別見《孟子‧盡心上》、《老子》第十九章、《莊子‧人世間》、《莊子‧大宗師》。

71　葛兆光：《中國禪思想史》，北東大學出版社一九九五年版，第352頁。

用，至明代突出地表現出來。

　　士大夫是文化的代言人，江西佛教禪宗的興盛與他們的虔誠信仰和積極弘揚分不開。南禪宗乃是玄學化與儒學化的一個中國式的佛教，其宗義融入了大量儒家和道家的思想內容。它所宣揚的那一套「見性成佛，不立文字」，「若欲修行，在家亦得，不必在寺」的簡便修行方法，特別適合那些「仕途失意滿心煩惱和富貴內熱需要飲冰」的中國士大夫的口味**72**。另外，禪宗強調的入世與出世不二、「即心即佛」和佛在眾生之中的思想；說法中貫徹的理事、體用圓融的玄學思維和富有機辯的論禪方式；寄修行於日常生活的簡易要求；叢林經營井然有序，提倡農禪並重又崇尚自然情趣等，都對他們具有極大的吸引力，容易在他們心中引起共鳴。至於禪宗寺院所具有的地方文化中心的功能，很多禪僧具有的較高文化素養，禪僧行腳游方在各地文化交流中所扮演的角色，禪僧在說法中標榜的「無念」、「無求」和淡泊名利的理念，都可以在具有不同身份和閱歷的士大夫中引發興趣。在儒者士大夫中，有的人與禪僧密切交往，聽他們談禪說法；有的人禮禪僧為師，親自參禪問道；甚至也有人乾脆放棄仕進的道路，不求「選官」而去「選佛」**73**，效仿禪僧過叢林生活。江西既是佛門禪學的基地，那些習禪禮佛的官僚文人叩頭就自然叩到江西

72　參閱湯用彤：《隋唐佛教史稿》第四章第六節，中華書局一九八二年版。
73　《景德傳燈錄》卷十四。

·傳為閻立本所捐建的普寧寺（內有閻立本墓）

禪門下，江西成為著名的「選佛場」。諸如虞世南、歐陽詢、李邕、李肇、韋丹、白居易、李兼、李渤、顏真卿、李白、權德輿、段成式、劉禹錫、裴休、呂岩、邊鎬等，都是禪宗熱烈的崇信者，任職或遊歷江西時或與禪人酬唱往來，或出助財資修建寺院，施建經藏；有的入門從師求學；有的撰文贊僧弘法，皆以行政力量或個人名望增強了江西禪的聲譽。略舉數例如下：

白居易是洪州禪的積極弘揚者。白氏和洪州一系的禪師有密切接觸，曾四次向道一弟子興善惟寬問道，把心得寫成《傳法堂碑》，乃是禪宗史上的重要文獻，其內容表明了他對「洪州禪」有相當深刻的理解。白氏在太和及會昌中曾先後兩次將自己的文集七十卷及其「香山居士」之像贈與廬山東林寺（其時該寺已由律寺改為禪寺），既欲使自己的作品能垂於永遠，也在客觀上提高了該寺的知名度。憲宗朝曾為宰相的權德輿時望與文名俱高，也是唐代士大夫調和「三教」的典型人物。他早年在洪州，是洪

州禪馬祖道一的俗家弟子，為道一作《塔銘》，乃是禪宗史上的重要史料。在他們中間，一時興起為已故禪師請諡立碑的風氣，這與南禪興盛前的情況有所不同。以往禪宿死後或蒙朝廷賜號，或有門人樹碑立傳，且不甚普遍。中唐以後，廣泛的請諡撰銘，特別興盛於洪州禪門。這種行動大都不出於朝廷主動，而是出於文人士大夫的策劃奏請。如白居易撰《傳法堂碑》，權德輿撰《石門道一塔銘》，劉禹錫好為禪師撰碑作記，與南嶽衡山、牛頭山、楊岐山的僧侶都有交往，遠在千里之遙，仍為楊岐山乘廣禪師寫塔銘，使廣禪師的理論與事蹟得以流傳。加之文人詩文中大量的有關禪宗人物和叢林生活的記載，遂使江西禪宗史料更為豐富翔實，江西禪的傳播影響更為深遠。最潛心向禪的當數宣宗時的宰相裴休。裴休家世奉佛，尤深於釋典。中年後即「不食葷血，常齋戒，屏嗜欲」。會昌二年（842 年）任江西觀察使期間，他「視事之隙，游踐山林，與義學僧講求佛理」，把居於宜豐的黃檗希運禪師一再接到自己的任所安居傳道，做了希運的虔誠弟子。饒有意味的是，《全唐詩》中裴休僅存詩兩首，而內容恰恰都與江西禪有關。一首是謁題馬祖道場泐潭寺的，一首則是贈給希運的。會昌三年（843 年），他請希運到南昌普賢寺講經傳法、遂使「四方學徒望山而趨，睹相而悟，往來海眾常千餘人」。大中二年（848 年），裴休遷任宣州刺史，鎮守宛陵（安徽宣城），又派人去黃檗山禮迎希運至宛陵，並為希運「大建禪苑」，說法於開元寺。裴休旦夕受法，退而精思，將自己與希運禪師的問答記錄檔下來，於大中十一年編集成《黃檗傳心法要》，成為後世臨濟宗傳人的必讀之物。總之，士大夫官僚禮重

江西禪、信仰江西禪，當時已成為一種社會風氣。劉禹錫《送鴻舉師遊江南》詩云：「鍾陵八郡多名守，半是西方社中友。」、「鍾陵八郡」泛指江西，「西方社」用的是晉代慧遠廬山結社，共期西方樂土的典故。江西地方官與神禪交往的遠不止「半數」，實際情形更為普遍，從士人官僚階層的態度中足可見出江西禪的社會影響。反過來，士人官僚們的活動為江西禪宗的傳播起了一定的作用。

佛教的中國化也是一個民間化的過程，世俗民眾崇佛信佛是佛教得以普遍弘揚的社會基礎。隋唐五代江西寺院的興盛，除了封建統治者政治上的提倡與經濟上的扶持、僧侶們的積極活動外，還有一個重要原因就是江西社會各階層在經濟上的大力支持。突出表現在，江西諸多廟宇的修建、寺院的財富大都與民眾的捐贈密切相關。例如，因仰山慧寂曾經於此居留「仰山祖庭」的峽江東平寺說法，貞觀間建立時，新喻縣富豪歐陽文長，「捐近寺莊田，計租米一千餘頃，供佛齋僧」[74]。貞觀年間，吉州陽城石泉寺得「裡人龍孟常捐田」，良山院得「張學諭捐田」[75]；贛州贛縣妙明寺得「邑人蕭剛施田」[76]。高宗武后時，隱居玉山的閻立本，在暖水三山之左設齋讀書，在五都購置南莊。後舍住宅改建為普寧寺；舍讀書之處改建為智門寺，將南莊改為普圓禪

74　光緒《江西通志》卷一二二。
75　《吉安府志》卷九《建置志・寺觀・永豐縣》。
76　同治《贛州府志》卷十六《建置志・寺觀・贛縣》。

院；邱誠建於虔州贛縣建光孝寺；後來，邑人謝懷德於虔州贛縣建舍利寺。天寶中，婺源熊嗣興施山於吉州永豐建智林寺。

唐代後期，佛教的傳播更加深入，社會動盪加劇，民眾對佛的信仰越加虔誠。對佛寺的施捨也越加豐富。廬山東林寺就是這方面的典型。據李肇《東林寺經藏碑銘》稱，元和年間，律宗高僧靈澈鑒於東林寺自慧遠身後三藏經律論「闕而無補」，於是「言於廉問武陽韋公（韋丹），公應之如響。往年公夫人蘭陵蕭氏終，有釵梳佩服之資，而於荊州買良田數頃，收其租入，以奉檀施，至是取之，增以清白之俸，而經營焉」。這個藏經閣「土木丹漆之外，飾以多寶，相好嚴麗，鄰諸鬼功，雖兩都（即長安、洛陽）四方，或未前見」[77]。建閣、寫經所耗費的銀錢之巨，可以想見。武宗滅佛，東林寺也在廢除之列，「寺與林木並系戶部毀賣」。據崔黯《複東林寺碑》記載，唐宣宗時重建東林寺，江州刺史崔黯奉命鳩工興造，並帶頭出錢資助，「搢紳從者數百人」，於是「下虔江之木，鳩食訪工，陶工冶鐵」，歷時六年，新建屋宇三一三間，出役工六十五萬餘人。此外，典型事例還有：大和元年（827 年），潭州通判李玉甫施田於撫州宜黃建觀音寺。文德元年（888 年），兵部員外郎劉汾施山於饒州弋陽建南山寺。唐末，農家張姓芰地於饒州餘干建地藏寺。天祐四年（907 年），撫州崇仁縣人鄧進兄弟「豪富特達，好事然諾」，感於「邑中無禪剎，或毳侶經遊則投足無地，往往止於白衣之家」

77　《白氏長慶集》卷二十六《東林寺經藏西廊記》。

而發心，施「緡數百萬」買地創普安禪院，並舍附郭在三十頃「把人常住」[78]。天祐中，節度使羅賢施田於撫州宜黃建藥師寺。

寺廟得到朝廷的賜額，不僅帶來非比尋常的政治榮耀，而且可獲得巨大的經濟利益，極利於寺廟的發展壯大。唐中後期以來，江西不少寺院與高僧即得到朝廷的賜額。這些賜額大多是朝廷主動給的，有一些則是地方人士積極運作的結果。如唐昭宗時，一位歸省京官，主動為臨川一禪院請額，頗有戲劇性：「乾寧甲寅歲（894 年）……有京堂後官虞公，武夷人也。自閩回，歸京朝覲，因假道歇駕，而來禮敬師焉。公尋便，結駟而辭曰：『師之所住，院額何無？』師曰：『茅屋草庵，逐時難擬。』公曰：『到京之日，專為奏置焉。』後乃有敕下，賜為『疏山白雲禪院』額。」[79]就是這所白雲禪院，因此得到了眾多民眾的經濟資助。如乾寧年間（894-897 年）撫州臨川縣就曾有三位官員分別將自己在該縣的寄莊（或出錢置莊）施給疏山白雲禪院。

一些起於民間的地方軍閥也極度佞佛，唐末割據洪州的鐘傳就是突出的一個。《新唐書》鐘傳本傳載，鐘氏不僅「凡出軍攻戰，必禱佛祠」，而且在他坐鎮江西的三十餘年裡，舍宅為寺和斥資造廟的事，他都樂此不疲。鐘傳微賤時，每受高安上藍山令超禪師的器重與禮遇。中和二年（882 年），鐘傳奏請於洪州建寺，迎僧令超居住，寺名沿用高安舊名，曰「報國上藍寺」。在

78　《全唐文》卷八七二任光《地藏普安禪院碑銘》。
79　《全唐文》卷九二〇澄玉《疏山白雲禪院記》。

鐘傳起兵的上高九峰山，有他舍宅而建的崇福寺；在宜春蟠龍山，有他斥資而建的蟠龍禪院；在新建縣，有他施助的雲蓋寺。在其家鄉上高縣，有座東晉時建立的普濟寺，原為浮屠精舍，唐初賜額名「武泉院」，會昌間廢。

. 「南昌三寶」之一的普賢鐵象（原物已毀於「文化大革命」中）

光啟三年（887 年），鐘傳以錢二百萬貫，委僧令嚴重建。天復元年（901 年），又為宜豐棲真院鑄造銅佛，所費不菲。據《新唐書》本傳，鐘傳極好錢財，重斂聚，「商人至棄其貨去」，可是在佛事上，卻如此大方，也許是他企圖標榜自己「放下屠刀，立地成佛」，借助佛教穩定地方和安慰自己的心靈。此外，贛州的壽量寺（聖壽寺），唐末五代時虔州刺史盧光稠捐地而建。建於東晉的南昌禪居寺，唐神龍元年（705 年）改名隆興院，因南唐袁州刺史邊鎬又以鐵二十萬斤鑄普賢鐵象安置其中，因而再改名為普賢寺。

　　五代時期，江西佛教的發展直接得力於皇帝為首的統治者的大力支持。南唐的中主李璟當皇帝之前，於匡廬購地建築書堂以修學。他登位後，即以書堂之地改建為開先寺。李璟曾對寵臣馮延巳說：「朕以此寺基是朕思欲遁世之地，棄之則草莽可惜，構之棟宇則無名，不若興建伽藍，以居禪眾，示人至理，亦助造化之一端也。其創置之規，奢儉之度，績用之費，卿復知耶……卿

‧始建於南唐周廣順年間（951-953 年）的寶積寺

知其始也既如彼，知其末也又如此，文以記其事，非卿而誰。」馮延巳遵命作記，告訴人們開先寺的建築費全由朝廷開支，屋宇壯大輝煌，令人「駭多寶之湧出，疑化城之突然，邃殿正門，重軒複檻，高牆虯轉，修廊翼舒，香廚旁開，僧堂內闢。法筵清淨，宛是祗陀之園，方丈精嚴，更類維摩之室」[80]。馮延巳雖然沒有記出具體資料，但是他鴻筆藻麗，描繪出皇家寺院的非凡氣派。李璟前有遁跡廬山之願，後有以書堂舊基建開先寺之舉，但是一直沒有登臨其境。到其統治末年，率朝臣遷南都，途經江州，遂「次於廬山，從臣遊山中寺觀，遍覽勝景，賦詩談宴，旬日而行」，才算夙心已償。開先寺是他們君臣遊覽的重點，也是南唐皇族禮佛向禪的一種姿態，直到黃庭堅寫《記廬山開先華藏

80　光緒《江西通志》卷一二四馮延巳《開先禪院記》。

禪院》時，猶有「故榻與畫像存焉」，留下了李璟「弭節雍容」的寫照。另外，李璟非常敬重梅嶺翠巖寺僧澄源禪師元殷，死後親自為其寫祭文。後主李煜更是篤信佛教，禮佛極誠。盧山西麓的石耳峰下的圓通寺，就是李煜在西元九六四年建造的。

　　由上述可知，江西寺廟的修建，寺院財產的來源，除了封建政府扶持、寺院自我經營外，接受民間信仰者的施地捐物也是極其重要的途徑。江西的一些寺院土地比較廣闊、經濟基礎比較雄厚，在一定程度上正是民間信仰者虔誠與人數眾多的反映。要說明的是，一些民眾施捨土地、財物給寺院，除了獲得信仰上的安慰外，也往往有經濟上的考慮。中唐以後，大批脫籍寓居外鄉的寄住戶，在當地置得產業，成為新的地主階層——寄莊戶。在土著地主包圍之下，他們為免遭兼併，以寺廟蔭產至為迫切。典型的事例有，婺源熊氏，寄住吉州永豐縣，始於熊務本，大約在武週末年。開天時的孫輩熊嗣興，已然置得山田家業。嗣興起智林寺佛殿，葬祖父於寺後，更「施山田地贍寺僧」，至明初永樂年間，熊氏後人熊汝益，仍有財力重修智林。可見熊氏家業世代傳襲六百年，同智林寺的蔭覆有關。可見寺院與供養民眾關係有時也是相互利用。

　　宗教是一種特殊的文化，在國家政治生活中佔據重要地位。它在襄助政治、服務社會、教化百姓、開啟民智等方面起著不小的作用。但也有不少消極的因素，僅從經濟方面而論，就是一個巨大的消耗。江西地區眾多的宗主，林立的寺院，究竟擁有多少僧尼，佔據多少田產，沒有也難以有確切的統計。然而，我們可以從另一角度來窺測大致的情況。會昌五年（845 年），唐武宗

「惡僧尼耗蠹天下，欲去之」，道士趙歸真等又加以勸諫，遂實行滅佛。這年七月，他頒布敕令「毀山野招提蘭若，東西兩都兩街各留二寺，每寺留僧三十人，節度觀察使治所及同、華、商、汝四州各留一寺，寺分三等，上等留僧二十人，中等留十人，下等五人，其餘僧尼及大秦穆護祆僧皆教歸俗，寺非應留者毀撤，田產沒官，銅像、鐘磬以鑄錢」。武宗滅佛，共拆毀寺宇四六〇〇餘所，蘭若四萬所，還俗僧尼二六〇五〇〇人，收奴婢為兩稅戶十五萬人。按此折算，平均每寺有僧尼五六點六一人，佔有奴婢三十二點六人。江西境內禪宗的高僧多，大中型的寺廟也多，到處宣稱「禪侶雲集」，應當在這個平均準線之上。如盧山棲賢寺，據《盧山記》卷二記，「以僧智常居之。智常學者數百人」。洪、饒等八州共計四百餘座寺廟，總計約有僧尼二點三萬餘人，奴婢約一點三萬人。當時人提出：「百姓男耕女織，不自溫飽；而群僧安坐華屋，美衣精饌，率以十戶不能養一僧。」[81]「今天下僧道，不耕而食，不織而衣，廣作危言險語，以惑愚者。一僧衣食，歲約計三萬有餘，五丁所出，不能致此。選一僧以計天下，其費可知。」[82]元和間江西有戶二十九萬餘戶，以十戶養一僧計算，則承受僧尼經濟負擔將是二十三萬餘戶，約占總戶數的百分之八十！江西地區寺院眾多，僧尼眾多，一方面說明江西經濟發展的水準已較高，足以支持宗教信仰上的精神消費；

81　《資治通鑒》卷二四九「唐宣宗大中五年六月」條。
82　《舊唐書》卷一三一《彭偃傳》。

另一方面也表明，當時江西民眾消費於此的財力物力不少，不能不影響到社會經濟的進一步發展和自身經濟生活水準的提高。

「十分天下之財而佛有其七八」[83]，佛寺廣占田地，侵損百姓，危害國家。唐朝統治者出於政治、經濟的考慮，也曾對佛教加以限制。唐玄宗天寶年間實行「度牒制度」，普通百姓出家必須經由官府批准才得度，然後再領受由尚書省禮部發行的度牒。在原則上，官府對沒有得到許可的私度出家僧尼、道士等，要嚴加懲治。唐朝統治者就曾下過專門的敕令，對私自出度者，輕則「杖一百」，重則「處以極刑」。唐中後期以來，江西地區是佛教興盛之區，出家人數眾多，因此朝廷對本區的監控也相對嚴格，禁止地方長官私自允許度僧。唐敬宗寶曆二年（826年）三月，「江西觀察使殷侑請於洪州寶曆寺置僧尼戒壇，敕殷侑故違制令，擅置戒壇，罰一季俸料」；唐文宗大和三年（829年）十月，「江西沈傳師奏：皇帝誕月，請為僧尼起方等戒壇。詔曰：『不度僧尼，累有敕命。傳師忝為藩守，合奉詔條，誘致愚妄，庸非理道，宜罰一月俸料』」[84]。另外，一些任職於江西地區的官僚也對本區的佛教過度發展作出限制。如唐前期，武則天時期，以反佛、破淫祠著名的狄仁傑在江南也展開了一定規模的反佛活動，對江西地區應當也形成了一定影響。《新唐書‧王仲舒傳》載，唐穆宗長慶年間，王仲舒任江西觀察使，「有為佛老法、興

83　《唐會要》卷四十八《寺》。
84　分別見《舊唐書》卷十七上《敬宗紀》、《文宗紀》。

浮屠祠屋者，皆驅出境」。著名的唐武宗會昌滅佛，對江西寺院發展亦有一定的限制。會昌法難前，洪州、江州分別有寺院十所、七所，法難後變為六所、三所[85]。會昌法難中，大寺東林寺陷入了滅頂之災，幾淪為荒地。貫休《再游東林寺》詩云：「玉像珠龕香陣橫，錦霞多傍石牆生。僻蛇行者今何在，花裡唯聞鳩鳥聲。」張祜在毀佛年遇東林寺故舊後更是扼腕歎道：「可惜東林寺，空門失所依。」[86]宋陳舜俞《廬山記》卷二記：棲賢寺，「會昌中廢寺」。不過，這些反佛、限佛活動，相比起各階層的長期佞佛活動來說，影響和作用相當有限。江西佛教仍以蓬勃興盛的趨勢迅速向前發展。

總之，隋唐五代時期，上自皇室王公，下至地方官吏、普通百姓，各層次信仰者出於各自不盡相同的動機，滿足精神追求，都爭先恐後地禮佛參禪。他們表示這種誠意的最直接舉措便是修建寺廟，布施錢財，並從思想文化上大力宣揚佛教。作為隋唐五代佛教大區的江西，隨著經濟基礎的雄厚與民眾信仰虔誠的加深，境內不論州縣地還是鄉村、不論是繁華都市還是偏僻山野，寺宇眾多，僧侶湊集，香火繚繞，鐘鼓鼎沸，到了無以復加的地步。佛教在江西的氾濫及於各個州縣和社會各階層，不僅消耗了本區大量的人力物力財力，對人們思想的侵蝕更不是統計數字所

85　參見李映輝：《唐代佛教地理研究》，湖南大學出版社二〇〇四年版，第95頁。

86　《全唐詩》卷五一〇張祜《毀浮圖年逢東林寺舊》。

能表達的。隋唐五代江西社會的長期穩定，或也與本區佛教的興旺有一定關係。

第三節 ▶ 道教實踐與發展

　　隋唐五代特別是唐，由於統治者的大力宣導，道教全面發展並趨於鼎盛。這充分體現在道觀的大量興建、齋醮儀式的健全、民間信奉的普遍等方面。江西道教在漢魏六朝的基礎上，進一步發展與傳播，形成了以廬山、龍虎山、洪州西山等為中心的具有一定地域特色的道教，對本區民眾乃至整個中國社會都產生了不小的影響。

一　政治因素與江西道教興盛

　　魏晉南北朝道教信仰雖然流行於官方與民間，但受到統治者相當嚴格的限制，傳播與發展相對有限。道教在隋唐時期呈現出蓬勃發展的勢頭，除道教本身長期積累產生質的飛躍的內部因素外，還在於外部社會環境的改良——統治者的大力宣導與扶持。隋文帝楊堅輔政北周時，道士張賓、焦子順等揣摩其意，密告以受命之符，為他製造禪代興論。楊堅即位後，迷戀道教，重用張、焦等人，下令修建道觀，度道士入觀，定采自道書的年號「開皇」。在撫定江南的過程中，為了鞏固統一大業，隋文帝對江南道教予以了嚴格的保護。隋煬帝也尊崇道教，曾師事上清派道士王遠知等，又迷信金丹，企求長生不死，並在江南大力保護和扶持道教。不過，道教在隋朝雖得到尊重且有一定的發展，但

統治者治國更依賴於佛教，因而道教在隋代的地位和興盛不如佛教。

唐朝統治者對道教的尊崇與扶持遠遠超過隋朝。道教的齋醮法事可以為統治者祈福禳災，禱告天下太平；道教的煉丹、養生方術可以滿足帝王貴族長生不死的願望；道家清靜寡欲、與世無爭的思想，可以為某些官場失意的官僚文人提供精神安慰和寄託。根本原因則是李唐皇室利用道教為其皇權製造合法的理論根據。眾所周知，隋唐之際，魏晉以來盛行的門閥制度雖已趨於衰微，但門閥士族的社會地位還很高，影響還很大。李唐皇室原本出身於鮮卑軍戶，並非名門望族。當李淵、李世民父子在隋末起兵爭奪天下時，為了抬高其門第，爭取上層貴族的支持，攀依被道教徒尊為教祖的老子李耳，宣稱自己是神仙苗裔，以此製造「君權神授」的輿論與提高天潢貴胄身份。李氏建唐後，為了鞏固和維護大一統的封建統治，繼續以老子「神道設教」，重老崇道成為基本國策，道教徒在國家的政治、經濟、文化生活中享尊處優。有唐一代，道教徒人數不斷增長，名道輩出；道教宮觀遍布全國，規模日漸宏大；道教經典圖書也日益增多，並由官方組織編成《道藏》，頒布全國。道教和朝廷的上層建築融為一體，完成了國教化的根本改造。道教也成為維持李唐皇室統治的精神支柱和思想武器。事實上，道教在政治上維持李唐政權的確是有作用的。江西的道士儘管離政治中心較遠，但也積極參與政治活動。《歷代崇道記》載，唐文明元年（684 年），武則天垂簾聽政。有政治敏感的人已感到她還有取代李氏奪取政權的打算。洪州豫章民鄔元崇假託神命，傳言於武后，說：「我是太上老君，

汝帝之主」，「國家祚永而享太平，不宜有所僭也」。武后不悅，將郞元崇禁錮至死。《混元聖紀》卷八記，唐玄宗執政之初，即下敕追封郞元崇為隸州刺史。其敕文云：「洪州人郞元崇，往在文明元年中，傳玄元皇帝真誥於天后曰：『我國祚無窮，當千萬君。』遂遭禁錮，因茲淪喪。自非忠義之士，感激過人，孰能不避死亡之誅，竟違神靈之命，宜於追贈，以慰泉壤。」他還親謁郞元崇見老子處的奉仙觀，為王公百姓祈福。

晚唐五代，社會動盪不安，道教趨於低潮，國教地位不再。但隨著隱逸、長生、消災祈福思想潛滋暗長，道教仍然發揮著重要作用，艱難地維持其發展狀態。江西道教在統治者的扶持與民眾信仰的支持下，也得以繼續蓄積力量。如南唐權臣廬陵人宋齊丘，性好術數，篤信道教，作有《增補玉管神照經》十卷，竊取譚峭道教名著《化書》六卷。又開寶八年（975 年），鄱陽道士周惟簡，南唐後主曾召他進宮講《周易》，發現他「有遠略，可以談笑弭兵鋒」。於是命周惟簡與徐鉉同往汴京向趙宋求和[87]。這都反映出江西道教已影響到南唐宮廷。

江西是道教的發跡和興盛之地，境內許多名山都與道教有密切關係，如貴溪龍虎山、上饒三清山、樟樹閣皂山、峽江玉笥山、九江廬山、修水幕阜山、萍鄉武功山、寧都金精山、新建梅嶺、西山、南城的麻姑山等，皆因歷代道教人物的煉丹等活動而得到開發，還有許多著名的道教宮觀。隋唐五代的江西道教在崇

第五章・佛法鼎盛與道教風流

道的歷史背景下，在前代的基礎上得以進一步發展。僅以道觀數量言，各地新增建的宮觀約計五十八所，遍及南昌、新建、高安、萬載、新喻、泰和、永豐、安福、龍泉（今遂川）、萬安、臨川、崇仁、金溪、宜黃、樂安、南城、南豐、弋陽、鉛山、鄱陽、樂平、浮梁、德興、星子、都昌、永修、潯陽、上猶、贛縣、雩都、信豐、龍南、虔化（今寧都）、石城等三十四縣。隋唐五代江西道教的中心地是廬山、閤皂山、玉笥山與龍虎山以及西山、麻姑山，其中尤以廬山和龍虎山為最。

二　廬山道教的繁盛

「匡廬奇秀甲天下。」廬山本得名於周武王時匡氏兄弟七人修道術結廬於此山的傳說，道教歷史淵源極深。早在東晉南朝之際，廬山就已成為全國著名的宗教聖地，出現了佛、道同興，勢均力敵的局面。隋唐五代時期，由於政治因素的作用與影響，廬山道教的發展更趨繁盛。

廬山九天使者廟即是其道教興盛的典型說明。開元十九年（731 年）八月，唐玄宗自稱夢見九天使者要求他在廬山西北為其建立宮廟，隨即天臺山道士司馬承禎編造出九天使者職權的內容，遂詔令廬山建九天使者廟。江州刺史獨孤禎率領長史、司馬和潯陽縣令等官吏，擇地役工建築，耗費巨大人力物力財力，數月後即建立起一座殿宇軒昂而樓閣鼎峙的「九天採訪祠」。僅廟中鐘鼓二樓（後人稱婆媳塔）高達十餘丈，累磚而成，欄楯翬飛，工藝精良，巋然對峙，氣勢雄偉。玄宗又命當時最善於畫神鬼像的吳道子，作九天使者的「真圖」和其他神仙羽衛的像。九

天使者廟中的「使者」塑像，即是按吳畫而塑造的。據說玄宗御筆「九天使者之殿」匾額賜此宮廟[88]。九天使者廟內供奉的「九天使者」，「巡糾人間」、「彈劾萬神」，凡是受人間供奉、名山大川的「血食之神」如果擅作威福、加害百姓，他都有權糾彈[89]。九天使者廟的規模崇高，待遇優越。據李泌《九天使者廟碑》記，廬山九天使者廟，准五嶽真君廟例，「抽德行道士五人焚修供養，仍委所管揀擇灼然道行者安置，具年名申所由，敕置廟使。內供奉將使者真圖建立祠廟」。這一規格待遇，當時全國只有青城山丈人廟還享有。九天使者廟地處風景形勢絕佳。據查慎行《廬山紀遊》記，其小地名稱蛇岡嶺，「道家所謂第八詠真洞天，兩山圍抱，中豁一區，背老君崖，面株嶺，九十九峰羅列其前，爭奇獻秀，無一敢自匿者」。九天使者廟可謂東南第一道廟，廬山因此也稱得上東南第一道山。在最高統治者的宣導與支持下，廬山九天使者廟名聲大振，道徒雲集，多時達到數千人。據李泌在碑記中說，使者廟成之際，有「玄門道士章沖寂等，挹教五千，齊歡億兆，曆仙階而仰止，攀睿算以驤誠」[90]，從此素為官吏百姓所信奉。《曆世真仙體道通鑒》卷三十八載：楊泰明（？-813 年），本儒生，事父母極孝。嘗為汾陽王郭子儀幕客，性恬淡，不貪爵祿。每勸子儀說：「軍政雖曰尚嚴，然人命至

88 《廬山續志稿》卷二《太平宮》。
89 《太平廣記》卷二十九《九天使者》。
90 光緒《江西通志》卷一二開《寺觀五·太平宮》。

重，不可輕殺。」後出為長安令。唐代宗永泰元年（765 年），乃易道士衣，棄官潛遁，至廬山峰頂結庵，造青精飯僻谷，造松柏為香，禱於九天使者真王，求長生之道，積十四年，感神人授《九天太真道經》。泰明依經行持，屏跡塵世。鄭文寶《江南餘載》曰：南唐歐陽遇在大理寺審案時，錯判潭陽縣令余紹卿死罪，後餘「常見形相隨」，歐陽遇「乃請告至廬山九天使者廟下，設黃籙齋醮，以淨陰冥」，當天晚上歐陽為「鬼神推擲殿下而斃」。由於最高統治集團的提倡與利用，九天使者廟歷南唐到宋朝，長期香火旺盛。南唐國主素來篤信道教，崇奉九天使者廟並改名為通玄府，在元宗李璟時得以「常修」[91]。北宋徽宗時再改其名為太平興國宮，簡稱太平宮，太平宮是道教三十六小洞天中第八洞天，稱靈真洞天。九天使者廟，香火興旺，與東林寺媲美廬山。從該廟道徒數量來推測，其時整個廬山的道徒總數在萬人左右。

‧廬山九天採訪祠中的鐘樓（婆媳塔）

　　五老峰上的白鶴觀，詔建於唐中宗弘道元年（683 年）。景隆年間（707-710 年），唐中宗又降詔天下皆建景隆觀和隆興觀。

91　《十國春秋》卷十九《芳儀傳》。

江州遂以白鶴觀應詔，易名為景隆觀，而將原有的白鶴觀搬遷到山陰五老峰下，名古柏壇。唐人包佶《宿廬山贈白鶴觀劉尊師》詩云：「蒼蒼五老霧中壇，杳杳三山洞裡官。手護昆侖象牙簡，心推霹靂棗枝盤。春飛雪粉如毫潤，曉漱瓊膏冰齒寒。漸恨流年筋力少，惟思露冕事星冠。」流露出對劉混成為道活動的欽慕和追從相依之意。這裡的劉尊師，是指唐開元道士劉混成。劉名玄和，祖籍彭城，後遷居江西都昌五穆裡，出家為道後到廬山北麓白鶴山卜居修道。劉混成在白鶴山，苦心營構和大力拓置白鶴觀，使之很快成為廬山有數的名觀之一。宋陳舜俞《廬山記》說：「廬山峰巒之奇秀，岩壑之深邃，林泉之茂美，為江南第一，此觀複為廬山第一。」在這個江南第一觀中，道士地位很高。隱居漢陽的大曆詩人於鵠慕名來山禮白鶴觀，留作《早上淩霄第六峰入紫谿禮白鶴觀祠》詩描述道：「忽然見珠樓，象牌題玉京。沉沉五雲影，香風散縈縈。清齋列上堂，窗戶懸水精。青童搗金屑，臼杵聲丁丁。羶腥遙問誰？稽首稱姓名。」宋人秦觀和白玉蟾亦有「復殿重樓墮杳冥」和「松殿空遺金風舞，芒田不見鐵牛耕」的詩句，追憶當年白鶴觀盛況。

由陸修靜建於南朝宋大明五年（461 年）的簡寂觀，自建造以來一直是廬山道教最重要的宮觀和最大的道教修煉場，至唐五代仍然是廬山上極其著名的道觀，僧道人士紛至遝來。《歷世真仙體道通鑒》卷四十二記，唐宣宗大和年間，名道熊德融游廬山，居簡寂觀。元和年間，名僧靈澈游簡寂觀，作《簡寂觀》詩云：「古松古柏岩壁間，猿攀鶴巢古枝折。五月有霜六月寒，時見山翁來取雪。」五代的許堅、錢朗等高道，先後長居簡寂觀，

修道煉丹，並與朝廷官府保持著較密切的連繫。另外，昭德觀、尋真觀，曾在這裡居住的分別是玄宗朝宰相李林甫之女李騰空，蔡侍郎之女蔡尋真。她們同來盧山學道，研習陸修靜編纂的道教經典，同時以丹藥、符籙為人治病。貞元年間（785-804 年），昭德皇后賜給她們金帛土田。她們死後，皇帝下詔以蔡、李居住的道觀分別名為尋真觀、昭德觀。

盧山道教興盛，吸引了不少文人士大夫在此學道。「五嶽尋仙不辭遠，一生好入名山遊」[92]的詩人兼道士李白多次上盧山，為盧山秀美的風光與濃郁的道風所吸引，留戀不已。他在天寶十五年（756 年）夏末來到盧山，對這裡的壯麗風景大加讚賞：「長山橫蹙，九江卻轉。瀑布天落，半與銀河爭流，騰虹奔電， 射萬壑，此宇宙之奇詭也。」[93]李白登上景色奇絕的五老峰，在山巔觀看霧氣蒸騰，雲海萬頃，遊人、房舍、山峰時隱時現，如同仙境，他決心在這裡隱修。他在《望五老峰詩》中寫道：「盧山東南五老峰，青天削出金芙蓉，九江秀色可攬結，吾將此地巢雲松。」李白後來選擇在五老峰旁邊的屏風疊作為「巢雲松」（隱居）的地方。屏風疊壁立千尺，懸崖聳立，如錦屏一樣排開。李白築盧隱居，與青松白雲為鄰，「太白草堂」由此而來。安史之亂期間，李白因附從永王李璘，受牽連而捕入潯陽獄，隨後流放夜郎。上元二年（761 年），李白從夜郎出來，送夫人宗氏上盧

92　《全唐詩》卷一七三李白《盧山謠寄盧侍御虛舟》。
93　《李太白全集》卷二十七《秋於敬亭送從姪耑游盧山序》。

山尋找李騰空學道。作《送內尋廬山女道士李騰空》詩兩首：「君尋騰空子，應到碧山家。水春雲母碓，風掃石楠花。若戀幽居好，相邀弄紫霞。」、「多君相門女，學道愛神仙。素手掬青靄，羅衣曳紫煙。一往屏風疊，乘鸞著玉鞭。」李白讚揚了李騰空不慕俗世富貴榮華，卻一心學道，追求道家清靜隱逸生活的精神。

天寶末年，中原大亂，著名道士吳筠曾棲隱廬山修道，自言「從此永棲托，拂衣謝浮埃」[94]。號稱「山中四友」的符載、楊衡、李群、李渤於貞元年間隱修廬山。李渤是著名的學道者，所作《真系》，整理自茅山真人楊羲至李含光的世系，是道教史上的名著，即作於這一時期。上清派第十五代宗師黃洞元，於建中元年至貞元五年（780-789 年）寓居廬山紫霄峰下得石壇庵煉氣修道，時號「三洞法師」，唐德宗召見，賜「洞真先生」。符載作《黃仙師瞿童述》云：黃洞元居廬山時，「古壇石室，高駕顥氣」。符載因「弱歲慕道，數獲踐履其域」。楊衡有《登紫霄峰贈黃仙師》詩，也是贈黃洞元的。可知「山中四友」在廬山曾與黃洞元交往。晚唐五代時，也有不少人在隱於

・李白像

94　《全唐詩》卷八八八吳筠《秋日彭蠡湖中觀廬山》。

盧山學道。政治家李德裕亦是道教信徒，開成元年（836 年）除滁州刺史，赴任時路經鄱陽湖，作《望匡廬賦》云「望元師於林麓」，下注曰：「余受法於茅山，元師（陸靜修）則傳法祖師也」，表達了對盧山道教的羨慕之情。《續仙傳》卷上《錢朗傳》記，洪州錢朗，曾經「五經登科，累歷世宦」，唐文宗朝官至光祿卿，後在盧山歸隱出家，師從東嶽道士徐鈞，學得「補腦還元服煉長生之術」。五代時，吳越王錢鏐因為仰慕錢朗高，將他迎至杭州。《十國春秋・閭邱方遠傳》載，舒州人閭丘方遠，「生州之天柱山下，幼辨慧，年二十九，帥香林左元澤，盧山陳玄（元）晤，傳法籙於天臺葉藏質，皆曉暢大義，甚得真傳」。

唐五代盧山道教徒絕大多數屬於煉丹派或煉氣派。按道教歷史發展邏輯，盧山也和全國其他道教地一樣，先盛行煉丹派。唐代隱於盧山的煉丹人物不少。據《歷世真仙體道通鑒》卷三十八記：劉混成「入匡廬之龍興觀，禮住持三洞法師何子玉為師，繼有異遇，一棲五老峰石室五十二年」。他在白鶴觀期間，主要從事外丹修煉，觀中至今尚保留著當年他采煉丹藥的煉丹井和搗藥臼。同時，兼研道學，常「口誦黃庭兩卷經」，頗著名聲；又「自植松檜，鑿丹井汲水以療人之疾，多獲痊癒」。開元、天寶年間蔡尋貞、李騰空，分居九疊屏之南、北，以丹藥救人疾苦。元和年間白居易貶謫江州，常居盧山，結識了許多道士如郭虛舟煉師、韋煉師、蕭煉師、王道士、毛仙翁等，對合煉丹藥表現出十分熱衷。這從他當時所做的詩歌可清楚地反映出來。如《尋王道士藥堂因有題贈》云：「行行覓路緣松嶠，步步尋花到杏壇。白石先生小有洞，黃芽姹女大還丹。常悲東郭千家塚，欲乞西山

五色丸。但恐長生須有籍，仙台試為撿名看。」這首詩被認為是他乞丹服藥之始。又《尋郭道士不遇》：「郡中乞假來相訪，洞裡朝元去不逢。看院只留雙白鶴，入門唯見一青松。藥爐有火丹應伏，雲碓無人水自舂。欲問《參同契》中事，更期何日得從容？」這裡寫的是任江州司馬時乞假往訪的一次經歷。寫到「欲問《參同契》」這部當時權威的煉丹文獻，表明詩人尋訪郭道士是為了學習煉丹的；但尋訪不遇，只見白鶴、青松、熄滅的藥爐、寧靜的流水，這些都襯托出道士飄然不群的個性，同時也隱然道出了丹藥幻想的破滅。

唐中期以來，由於外丹道的不足，內丹思想漸漸興起。至唐末五代，由於社會愈加動亂，很多道教宮觀被毀，道士星散，道教衰落。一些士人、官僚、貴族為避亂而紛紛隱逸山林，與道教發生連繫或成為道士，他們修煉以內丹（煉氣）為主，促使了內丹術的迅速發展。唐末五代廬山道教的發展，是以內丹派的興盛為標誌的。其代表人物有呂岩（呂洞賓）、陳摶、譚峭等。

·五代·荊浩《匡廬圖》

在四季如春的錦繡谷上方，蒼岩翠壁之間的仙人洞，傳說是唐末五代全真五祖之一呂洞賓修道處。據《桑疏》：呂洞賓「蒲之永樂人也。以四月生，故號純陽子。咸通中，舉進士不第，去遊廬山。遇五龍君傳劍術」。《宋史·陳摶傳》：「關西逸人呂岩，善劍術，年百餘歲，步履輕捷，頃

・廬山仙人洞

刻數百里，人皆以為仙雲。」呂岩練劍，實際上與練氣有密切關係，練劍是練氣的外在形式，通過練劍的動感來調節和加速「真氣」在體內的運行，增加人體對氣的輸送量。道家把人體的結構比作大自然的組成部分，按體內的經絡和關節組合，分為大周天和小周天，真氣在體內的運行就稱之為「通周天」。練氣到一定程度，可通「小周天」，繼而可通「大周天」，功夫深者可以通百會，開湧泉，發放外氣，足踏祥雲，吞吐真氣，不食水米，甚至隱顯無形，呼風喚雨。道教徒「練氣」附會了很多離奇的色彩，其中自有不可信者。然而，長期堅持練氣並且得法的人，確能輕身、足力、長壽，發放外氣至誘發體內特異功能而超乎常人，從而，得道成「仙」。道教徒們的劍術都是模仿大自然的各種現象，與體內「行氣」正好合拍而相得益彰。五代宋初的內丹大家陳摶似也與廬山有一定關係。《桑疏》記：「陳摶嘗遊廬山，今白鶴、簡寂俱有詩。摶字圖南，號希夷子，亳州人。有匡濟

略，其蹤跡常在京、洛、關、輔間。後隱華山雲台觀，遇五龍君傳睡法，其所睡處，輒三數十日不起。其來廬山事不可委，後終於華山。」五代許堅也是廬山道教中的傳奇人物。《建昌縣誌》載，陳摶經常去廬山白鶴觀、簡寂觀，「受易經心法於廬山異人，或曰異人即許堅也」。《建昌縣誌》談到許堅時又云「唐末導簡寂觀，得大魚即全體烹而啗之，後卒於金陵，至景德中，兵部侍郎陳靖游廬山，（許）堅出謁於洪井山，談甚洽，及靖還金陵，乃知其死已久」。當時在廬山修道的煉氣派人物除了前述的黃洞源外，出名的有潯陽人丁元貞。丁元貞得道能役鬼神，嘗游康王穀。傳說谷中有王莽時銅馬，久而為妖，土人廟祀之，其妖愈熾，元貞以三洞法徙其廟於澗西，妖遂息。這裡所謂的「三洞法」就是被神化了的氣功。另外，泉州人譚峭也是曾活動於廬山的著名道士。譚峭少時涉獵經史，喜黃老之學。因不願習科舉業，乃離家出遊，遍歷名山，師事嵩山道士十餘年，得辟穀養氣之術，道家稱之為「紫霄真人」，又號「洞玄天師」。閩康宗王昶好巫，尊他為師，稱「正一先生」。閩亡，他隱居廬山「棲隱洞」，有弟子百餘人。南唐中主李璟聞其名，召他至金陵，賜號「金門羽客」，又賜以官階。他辭而不受。南唐亡，又返廬山棲隱洞，終年百餘歲。其著作留傳下的有《化書》，包含著豐富的道教哲理和社會批判思想，在道家思想發展史上具有重要地位。

除了煉丹與煉氣派之外，廬山還有極少數的符籙派道徒，如李元基，唐武德初隱建昌、葛山，以符藥救人。李元基並未在廬山定居過，只是走訪道友，採集藥材。《南康府志》認為李騰空、蔡尋真曾以符籙救人疾苦，可能是受符籙派的影響。

·道教聖地龍虎山

　　無論是從外丹走向內丹，還是符籙派的滲透，唐五代廬山的
道教始終興盛，並與龍虎山的正一天師道、清江閣皂山的靈寶派
道教相互連繫、相互競爭。呂洞賓、陳摶等人成為唐宋之際內丹
派的重要人物，其理論和道行深刻地影響著爾後的道教發展。應
該說，唐五代廬山的道教既受全國道教的影響，同時也推動了中
國道教的發展和改革，在道教史上留有重要的地位。

三　龍虎山道教的復興

　　龍虎山地處今江西貴溪縣西南四十公里之上清鎮西。自東漢
以來，龍虎山上陸續建起清宮道觀，歷代傳承不絕，成為道教天
師派的中心。龍虎山碧水丹山，環境清幽，遠離塵囂，是道士煉
丹修道的理想之地。然而，魏晉南北朝龍虎山天師道並沒有造成
廣泛影響，特別是在上層社會沒有得到信奉和支持者。直至隋

代，龍虎山道教仍處於沉寂的狀態。其第十代天師張子祥，初仕隋任洛陽令，後棄官掌教事，精於煉丹術，為龍虎山道教的發展略有貢獻。元至正十三年（1353年）贈上清元妙太虛真君。

唐朝是龍虎山道教變為官方道教的重要時期。在李唐統治者的提倡與扶持下，龍虎山正一道逐漸興盛。據《佛祖歷代通鑒》卷十一載，在唐太宗時期的佛道鬥爭中，和尚智實，以死護法，在上奏朝廷的《論道士處僧尼前表》中指責道士（道教）：「今之道士，不尊其法，所著衣服，並是黃巾之餘，本非老君之裔，行三張之穢術，棄五千之妙門，反同張禹，漫行章句。從漢魏以來，常以鬼道化於浮俗，忘托老君之後，實是左道之苗……」這雖為佛徒貶道之言，卻在一定程度上說明天師道在當時的正統地位。唐統治者推崇與扶植包括天師道在內的道教，除了前述的政治理由外，還在於利用道教的政治思想核心「黃老之學」作為一種統治的方法。唐統治者召見天師後裔及其子弟，其中談論最多的話題之一就是有關「黃老之學」的問題。龍虎山天師在政治風雲中掌握了朝廷的心理，作出恰如其分的回答。如唐高宗召見第十二代天師張恆，問以治國安民之道。張恆便答以「無為則天下治」的政治見解，受到唐高宗的稱讚。天師道本來並不宣導無為，但為了弘教需要，調整了自己的策略。唐玄宗當政時，對天師非常尊崇。天寶七載（748年）親賜第十五代天師張高手書，受天師符；同時召見張高，命即京師置壇傳籙，賜金幣，免租稅，在京師設立授籙院；又令有關部門審定張天師子孫，將有封植，以隆真嗣。玄宗還親自冊封天師張道陵為太師，贊祖天師「邈矣真仙，孤高節峻。氣貫穹冥，元元示訣。落落神儀，亭亭

· 龍虎山正一觀

皓月。誅邪斬精，魅驅鬼徹。漢代盟威，流傳不絕」[95]。唐玄宗
對張天師大加嘉獎，其後幾代皇帝也爭相仿效。唐肅宗曾降香
幣，建醮於龍虎山，賜宸翰以贊天師像，作《祖天師贊》曰：
「德自清虛，聖教之實，或隱或顯，是樸是質。靜處瓊台，焚香
玉室。道心不二，是為正一。」唐武宗好道惡佛，曾在會昌元年
（841 年）召見第二十代天師張諶，將命作官，諶辭而不受，即
賜金帛，在龍虎山修建殿宇，並禦書額曰「真仙觀」。張諶在武
宗時期著有《養生要集》十卷和《古今鑒銘集》十五卷。咸通中
（860-874 年），唐懿宗又命張諶「建金籙大醮，賜金帛還山」。
唐僖宗中和四年（884 年）冊封張道陵為「三天扶教輔元大法
師」。

　　五代十國時期，統治者對龍虎山天師仍尊奉有加。楊吳太祖

95　清・婁近垣：《龍虎山志》，江西人民出版社一九九六年版，第126頁。

命茅山道士聶師道設醮於龍虎山。南唐保大八年（950年）陳喬撰《新建信州龍虎山張天師廟碑》說：「皇帝陛下極大道之頹綱，維列仙之絕紐，乃眷正一，屬之真人，思與神交，遂崇廟貌，天師道宇所以興盛於今日也。」、「中外既理，華夷已清。然而上心猶或未足，思致人於壽域，每澄慮於大庭。寤寐通仙，闡揚玄教，以為德如可尚，豈隔於古今，道之將行，必先於崇奉。乃詔執事，建天師新廟於信州龍虎山。」又說：「二十二代孫秉一，體備清和，氣凝元寂。鉤深致遠，所得者金簡玉書；吐故納新，其驗者赤筋青骨。許掾之靈風未振，呂恭之道蔭彌高。豈徒三世無慚，斯固一言以蔽，再光先構，不亦宜乎。」作者陳喬為南唐先主李昪時的中書舍人、中主李璟時歷門下侍郎兼樞密使，他在碑文中反映了南唐統治者對龍虎山張天師道的尊崇，即「耽味道腴，表揚仙胄，乃聖真祠，宇茲名岫」。而「演茲大教」的目的是要「衛我興朝」。碑文中提到張道陵的第二十二代天師張秉一，可見此時龍虎山天世道的世系體系的構造也已趨於完備。另外，在五代之季，尚有第二十三代天師張季文，影響較大，人受其籙者亦眾。

除了政治上提攜龍虎山天師道外，統治者亦從經濟上予以大力資助，撥款興修天師宮、府，賜官田以食道眾。《龍虎山志》卷九載：唐玄宗賜第十五代天師張高金帛，並免租稅。南唐保大中，龍虎山天師廟賜水田，約有三六〇〇畝，遍及周邊十幾個縣。如此多的田地，天師本人自然不用親自耕種，只是把地租給農民，然後坐收其利。遍佈龍虎山地區的眾多天師道的宮、府、觀，實際上形如一個個大大小小的封建地主莊園，收穫巨大的經

濟利益。

正一觀是正一道教祖庭的象徵。正一觀最早的名稱為「祖天師廟」，是第四代天師張盛自四川回龍虎山「永宣祖教」，為祭祀祖天師而建成的廟宇。每年三元節時，登壇傳籙，各地學道者千餘人擁入。從此，這裡宮觀林立，道士雲集。唐天寶年間（742-755 年），道士吳筠《龍虎山》詩生動地描寫道：「道士身披魚鬐衣，白日忽向青天飛。龍虎山中好明月，玉殿珠樓空翠微。」南唐保大八年（950 年）時，在傳為張道陵煉丹處的正一觀建天師廟，翰林學士陳喬奉敕撰碑。南唐保大十一年（953 年），李璟敕陳希聲於傳說為鬼谷先生修真之所的龍虎山之鬼谷山即山修醮，選道士韋修然、吳寶華結庵於此，並為之建凝真觀。

天師道以龍虎山張天師世家為正宗，龍虎山道教的宗教勢力在政治力量的扶持下迅速得到大面積的擴展、日趨繁榮。作為符籙道法傳授的主體，天師道自魏晉以來一直具有廣大的信徒。由於發展的需要，天師道子孫大約在隋唐間到了龍虎山故地收徒授業，廣傳道法，由此至中晚唐時期已成為著名的龍虎宗。從杜光庭《道教靈驗記》所涉及的情形看，隋唐間，龍虎山已經成為天師道的重要基地。《全唐詩外編下》載有元和（806-820 年）初進士吳武陵《龍虎山》詩，其中有「五斗米仙真有道」的句子。徐鍇撰《茅山道門威儀鄧先生碑》稱：茅山道士鄧啟霞於唐咸通十二年（871 年）到龍虎山請第十九代天師來「都功正一法籙」。這說明至少在唐代中後期，天師道的傳播基地已經從巴蜀的鶴鳴山轉移到了龍虎山，並且具有相當突出的影響。儘管如此，相對

於同時代的樓觀、靈寶、上清和丹鼎道派以及富有哲理的玄學派來說，龍虎宗並不顯赫，天師道也少見有影響的人物。歷任天師，也未有多少理論發揮及思想著作。不過，這一時期各道派都重視經戒、法籙傳授。各道派傳授的最初階段，都得先由天師道的正一經戒、法籙傳授起，也即是說皈依道教之途都得經過天師道，而後逐級修煉，才能最終升上靈寶、上清的高層法師。毋庸置疑，天師道仍然是當時道教的基礎。

作為道教的基礎，龍虎山天師道積極地向外擴展其影響。除了在江西繼續維持發展外，還有一些支派在各地活動。如四川長江三峽沿岸忠州平都山（今豐都）、夔州雲安等地有天師翟乾佑一派活動，傳習《太上洞玄靈寶素靈真符》、《上清鎮元策靈經》等符籙，為人治病禳災，召神伏魔。其符書假託出自葛仙公，由道士宋沖元授翟乾佑。翟乾佑天寶年間被唐玄宗召請入京問道，恩遇隆厚。其符書傳弟子舒虛寂、舒傳向道榮、向傳任可居。唐末杜光庭訪平都山，得《素靈真符》而歸。龍虎山天師道得到皇權的庇護後迅速發展，社會影響也日益擴大。曾經活動於江西的文人士大夫也對龍虎山的道教生長起著作用。據范攄《雲溪友議》卷下記載，唐宣宗大中五年（851 年），江西觀察使紇幹臮，曾經向張天師苦求龍虎丹，前後達十年。待來到江西之後，即大量延請方術之士，交流煉丹修道之術，寫出《劉弘傳》，雕印數千本，寄贈京師朝中官貴及四海醉心於燒煉的道徒，以使道教的養生修煉之術傳而廣之。嚴梁與李端、韋應物等人交好，他在吉州刺史任上入道，戎昱詩裡說他「風過鬼神延受籙，夜深龍

虎衛燒丹」**96**。由於統治者的重視與扶植，龍虎山天師道在民間影響較大。敦煌出土的唐中後期人李翔的《涉道詩》，有獻龍虎山張天師詩，其曰：「東漢天師直下孫，久依科戒住玄門，寰中有位逢皆拜，世上無人見不尊。三洞吏兵潛稽首，六宮魔幻暗銷魂，可能授以長生籙，浩劫銘肌敢忘恩。」李氏《涉道詩》中表現出唐時對天師的態度和天師道在世俗中的印象。又唐末五代初，著名道士杜光庭曾為「飛龍唐裔僕射受正一籙」作詞。這些都說明天師道在當時仍有很大影響。

龍虎山道名遠揚，唐五代許多文人墨客慕名至龍虎山，皮日休、常建、顧況、吳武陵、吳筠、王貞白等紛紛留下詩文。如顧況《安仁港口望仙人城》：「樓臺采翠遠分明，聞說仙家在此城，欲上仙城無路上，水邊花裡有人聲。」吳武陵《龍虎山》：「龍虎山中紫翠煙，青精顏色四時妍。桃枝慣見花成寶，瀛島宜聞海變田。五斗米仙真有道，一神樓藥豈無緣。秋風吹綠茂陵草，的的黃金飛上天。」這些詩的基本特點，就是充滿道家隱逸精神以及對龍虎山「仙境」的追求。

四 西山淨明道的萌芽

洪州之地，崇巫尚道，道教歷史悠久。《太平寰宇記》卷一〇六「洪州」曰：「多尚黃老清靜之教，重於隱遁。蓋洪崖先生、徐孺子之遺風。」洪崖先生是相傳道教遠古時在當地洪崖山

96　《全唐詩》卷二七〇戎昱《送吉州嚴使君入道》。

上得道之士；洪州人徐孺子即徐稚，東漢著名的隱逸之士。此外，晉代吳猛、許遜、唐代陳陶等，也是當地著名的道士和隱士。

洪州的道教以南昌城郊的西山為中心。西山號稱「神仙之會府」、「江漢湖海之士遠道而來」**97**。五代宋初徐鉉作《洪州西山重建應聖宮碑銘》稱：西山是荊楚重鎮；雄姿與衡山和巫山對峙，披靡綿亘，蔚為崢嶸；氣

·洪崖丹井圖

象清虛，氣候溫和，動物繁多，植物茂盛；足為隱士秘密修行之所。西山道教又是與東晉南朝以來的許遜（許真君）信仰密不可分。隋唐時期，江西民間朝拜許遜已成為一種習俗，日漸受到朝廷的重視，使得許遜崇拜得到了更為廣泛的推廣空間。這從當時祠許真君的靖廬分布可以看出。唐末杜光庭《洞天福地嶽瀆名山記》載三十六靖廬，其中與許遜相關者有十一處：一、丹陵廬，在洪州西山鍾君宅。《仙鑒》卷二十七：「鍾離嘉所居地有觀曰丹陵。」二、子真廬，在洪州西山梅福壇。梅子真於西山嶺修道處。三、騰空廬，在洪州遊帷觀。《仙鑒》：許遜升舉後，諶母所制殿帷飛來故宅，後置觀故以游帷為名。四、尋玄廬，在江西吳猛觀。五、宗華廬，在洪州宗華觀彭君宅。《仙鑒》：彭抗宅

今豫章郡城宗華觀是也。六、黃堂盧，在洪州。《仙鑒》後集：新建、豐城二縣之界有黃堂觀，乃真君訪丹陽黃堂所立祠，每年八月三日謁謙母之所。七、迎真盧，在洪州。八、招隱盧，在洪州。九、祈仙盧，在洪州黃真君宅。《仙鑒》：黃仁覽，瑞州高安縣祥符觀，舊日祈仙觀是其故居。十、貞陽盧，在洪州曾真君宅。《仙鑒》：曾亨，今豐城縣真陽觀是其遺跡。十一、紫蓋盧，《仙鑒》：時荷有遺跡在豫章城，號紫蓋府。這些遺跡散佈在洪州西山或豫章，有助於構成信仰圈，促成傳說流傳的動力，擴大了許遜君信仰的勢力範圍。據南宋周真人《靈寶淨明院行遣式》所述，許遜信仰以張道陵為監度師，說明許遜信仰在南朝已形成教區，並與天師道有密切關係。隋唐時期，傳播許遜信仰者，有許遜家族人。如《太平廣記》卷三二○引《異聞集》記：術士王積於隋大業十三年（617 年）游豫章，曾見許遜七代孫許藏秘「有咒登刀履火之術」。著名的道士張開先、葉法善、張氳、胡慧超、施肩吾等。

西山許遜信仰之所以在中國道教史上獲得較高的地位，與淨明道的歷史淵源密不可分。淨明道（淨明忠孝道）是產生於南宋時期的一個南方道派。所謂「淨明」是得日月之光明，天地之本根，由此則陰陽相感，道體圓虛。淨明道之所以有名，實乃以倡行孝道為特徵，在中國的道教史中得以獨樹一幟。淨明一系淵源於靈寶派，該派特別尊奉許遜，稱其法籙出於許遜之傳。唐代是淨明道形成的萌芽時期，這其中的關鍵人物就是洪州西山道士張氳、胡慧超、施肩吾等。

唐初，在洪州修道者，張氳較為著名。據《歷世真仙體道通

鑒》卷四十一載，張氳，一名蘊，字藏真，晉州神山縣人。生於唐高宗永徽四年，工琴書，善長嘯，好黃老方士之說。慕古洪崖仙人，自號洪崖子，游青蓋山拜景成子為師，盡得其道法真傳。隱姑射洞中十五年，仙書秘典、九經百氏，靡所不通。嘗注《老子》、《周易》、《三禮》、《穀梁》，又著《高士傳》十卷，《神仙記》二十卷，《河東記》三十卷，《大周昌言》十卷。又曾入靈夏，訪昆侖，游終南、泰、華，往來青城、王屋、太行之間，訪友問道。每究金丹華池之事，易形煉化之術，人莫能究其妙，拒武則天，唐玄宗時曾應詔入對，上嘉之，拜官而辭還山。開元十六年（728 年）洪州大疫時，張氳施藥市中，病者立愈。其後棲息於洪崖先生之古壇。天寶四載（745 年），九十三歲時屍解榻上。肅宗乾元中，因申泰芝言豫章伏龍山有異氣，詔立應聖宮，塑肅宗像，以張氳配祀。德宗時，繼於晉州即其宅立廟，又於洪崖山屍解處立廟祀之，是為棲真觀。張氳因其在洪州西山的影響，後來被淨明道尊為經師。

　　胡慧超，或稱胡惠超、胡超僧，字拔俗。武周聖曆間出家學道，隱於白鶴山，胡氏美須，貌瑰偉，年高而若四十許，在稠人中顯得高人一頭，時人稱「胡長公」。喜談晉司空張華《博物志》，如其友，自言許遜、吳猛二君嘗授其延生煉化，超三元九紀之道，能檄召神靈，驅雷雨，曾參與陶弘景校茅山華陽洞《太清經》七十卷。胡氏德行崇高，以濟世度人為己任，深受世人敬重。在武則天執政時抵長安，詔「除壽春宮狐妖」，賜洞真先生。武則天曾以蒲輪召之，問以仙事，胡氏止陳「道德帝王治化之源」，甚得武氏心。欲留之於京邑，委以煉丹之事，胡氏辭而

不就，回洪崖丹井煉丹。又據《朝野僉載》卷五載，胡慧超自稱已活了數百歲，能「合長生藥」，武則天召入京師令制長生藥，藥三年乃成。則天服之，以為神妙，並望能與彭祖同壽，改年號為久視，並放胡氏歸洪州西山，然服藥後三年則天死去。唐玄宗即位後復降詔趣召，館於禁中，胡氏乃辭歸西山，玄宗賞賜甚厚。玄宗雅好道事，前後曾作「送胡天師詩」兩首詩。《送胡真師還西山》云：「仙客厭人間，孤雲比性閑。話離情未已，煙水萬重山。」《賜胡真人》云：「高人挾高志，山服住山家。迢迢聞風月，去去隔煙霞。碧岫歸玄洞，玉灶煉丹砂。今日星津上，延首望錄槎。」胡慧超受到兩朝君王的召見，仙名遠播。這為他興盛洪州西山道教奠定了良好的基礎。

胡慧超在西山二十餘年的日子裡，致力於弘揚許遜信仰。一是胡慧超對南北朝以來的許遜崇拜進行了一系列的整合，創造以許遜為首的十二真君仙真群體。胡氏具有較高的文學造詣，突破傳統的許遜崇拜局限，撰寫了《洪州西山十二真君內傳》、《神仙內傳》等典籍，第一次比較全面地傳述了許遜及吳猛等晉代西山仙真之事。許遜傳記的產生，一方面是由於唐代重視道教，高宗李治封太上老君為太上玄元皇帝，各地廣修道觀，祀奉道教神仙；另一方面是唐代江西水利和航運事業有較大的發展。民間對治水功臣許遜朝拜盛行，期望對許遜史跡有確切的瞭解。正是胡慧超對於西山十二真君的創造，才使得許遜崇拜有了仙真群體，從普通的民間崇拜變成了道教神仙信仰，從而大大加強了許遜崇拜的影響。而許遜仙道傳聞，經胡氏《洪州西山十二真君傳》後始漸為外人所知，經五代北宋，乃廣為流傳。二是胡慧超按照道

教宮觀的要求擴建了供民眾朝聖祈福的遊帷觀。六朝以來，在西山周圍數十里內，已建起了一批祭祀許真君的道觀。這些道觀的香火極為旺盛，其中豐城的烏石觀，傳說原為許真君結廬煉丹處。唐貞觀年間，道士張開先夢許真君指示，設壇書符咒水，祈雨救旱，被唐太宗召見，並被敕建「旌陽寶殿」，因而許真君道教得以重振，仙跡得以綿衍。新建縣內的丹陽觀，傳為許真君次甥鐘離嘉的故宅。唐太宗兄弟李元嬰在出任洪州都督時，曾請旨敕建祖師殿、玉皇閣、山門等，並且還花了大量時間在此修道煉丹，一時道法大行，香火鼎盛。在西山遊帷觀修復之前，為弘揚西山許真君道教填補了空缺，促成了作為洪州西山道教中心象徵的遊帷觀的恢復重建。東晉時，許遜逝世後，族人於其舊居建為許仙祠。南北朝時改為遊帷觀。相傳許遜以五色帷施於黃堂諶母祠，當他飛升時，錦帷飛還故宅，因以觀名。隋煬帝大業年間被焚。唐高宗上元間，胡慧超自廬山來到洪州西山時，遊帷觀因年久失修，已臻衰落，「國之不崇，人之疏索。觀宇寥落，有似寂寞」[98]。西山道教也無甚發展。胡氏因之極力主張重修遊帷觀，多方奔走，並得皇家豐厚「齎贈」，終使遊帷觀再度興盛。「西山人皆師事之，千里之內無疫癘水旱之災。」[99]此後，許遜的影響日益擴大，遠及千里之外。在唐代大和年間，「鐘陵（即南昌）西山有遊帷觀，因許真君遜上升之第也。每歲至中秋上升日，吳

98　《孝道吳許二真君傳》，《正統道藏》第十一冊，第 699 頁。
99　《歷世真仙體道通鑑》卷二十七，《正統道藏》第八冊，第 55 頁。

蜀楚越之人不遠千里而至，多攜挈名香珍果、繒鄉金錢，設齋醮以祈福。時鐘陵人萬數，車馬喧闐，士女櫛比，連臂踏歌」[100]。真是「世事已歸唐歷數，仙歌猶是晉時風」的動人景象。不過，胡慧超這次重建的遊帷觀，在安史之亂中又遭到毀壞，漸歸蕭條。晚唐時期，社會動盪，遊帷觀益趨荒蕪，少人問津。直到南唐推行保境息民政策，重視道德教化，才得以重建，並請當時知名文學家和大書法家徐鉉書寫觀額。其蒼勁有力的筆鋒，為遊帷觀增色不少，連宋代著名理學家朱熹到南昌時也托人找他的墨寶。另外，位於南昌市廣潤門外洗馬池之南的妙濟萬壽宮（鐵柱宮），相傳是真君鑄鐵柱以鎮蛟螭之所在，原為祀奉許真君的祠宇，始建於晉代，唐懿宗咸通年間賜額為鐵柱觀。游帷觀和鐵柱宮，近在咫尺，相互呼應，曾形成士庶群集，車馬紛至，晝夜喧鬧十餘里的熱鬧場面。三是胡慧超將許遜的孝道用其法術等納入了道教的範圍，突出改造了許遜崇拜中原有的「孝」的特色，精心編造了許遜是十二真君的孝道之師，孝道之法具有神授的正宗地位的一系列典籍。胡氏還多次前往長安宣揚許真君的孝道，並制定了孝道的教義教法，使許真君的孝道思想更加完備。胡氏改造的「孝道」派，以勸誡弟子奉行忠孝，育慈善孝子報恩成道為特色，在當時及以後獨樹一幟。在唐代統治者欲使廣大人民群眾成為良臣、順民，千方百計尋找辦法的時候，一個講究忠孝、具有使教民維護社會秩序、使教民成為忠臣孝子的道教派別被創造

100 《歷世真仙體道通鑒後集》卷五《吳采鸞》。

出來了，統治階級必然會對它極力推崇。胡氏起到了連繫二者的仲介作用。在政治、文化專制的唐代中國，統治階級宣導，對於推動民間崇信許遜道派所起的作用是巨大的。唐憲宗時，有自稱許真君後裔的道團活動於西山，撰有《孝道吳許二真君傳》。據該書記載，當時孝道頗為興盛，「四鄉百姓聚會於觀（西山遊帷觀），設黃籙大齋，邀請道流三日三夜升壇進表，上達玄元，作禮焚香，刻意存請薦亡禍福」。

　　正是由於胡慧超的不懈努力，洪州西山的道教有了實在的內容，使許遜崇拜擺脫了困境，走出了狹隘的民間小範圍信仰，變成了影響全國的許遜道派，並為宋元淨明道的創立奠定了基礎。以胡慧超貢獻而論，堪稱洪州西山萬壽宮道教的奠基人物。所以後世給予了他很高的地位和評價。《修真十書・玉隆集・胡天師》《歷代真仙體道通鑒》、《淨明忠孝全書》等都詳細記載了他的生來事蹟及著作。由於胡天師修道成真於西山，並於許遜崇拜貢獻極大，故唐宋新興的道派——淨明道奉胡慧超為淨明派法師，在淨明道傳承中佔有重要的位置。不過，就胡氏改造後的許遜信仰，從宗教學的角度來說，許遜崇拜還缺乏系統的宗教理論和宗教組織，還處在較低層次的發展階段。

　　胡慧超門下的弟子甚多，顯著者有萬天師、藺天師、黃華姑等，他們均對西山道教的傳播與發展作出了一定的貢獻。萬天師名振，字長生，南昌人。「嘗慕胡洞真淨明忠孝大法，遂至遊帷

觀師事之，得長生久視之道」[101]，「有符咒濟物，治人疾苦立效，當時以為旌陽、欒巴之徒」[102]。藺天師，名字不詳，本西川人，後隱居西山忠信鄉，「嘗至遊帷觀師事胡洞真，盡得其術，復往舊盧修煉，濟人利物，多所全活」[103]。後人為紀念他，曾於其修煉處立霞山觀以祀之。黃華姑為撫州臨川人，少乃好道，天然絕粒，十二歲度為天寶觀女道士。年八十，髮白面紅如處子狀，時人謂之華姑。曾南郭訪魏華存之遺跡，西山拜胡惠超為師。胡天師見其懇切，為其演示道法，指點玄機，授以役使鬼神、運呼雷霆之要。華姑還歸井山，精潔修持，屢彰靈異，為世人所敬重。顏真卿訪道井山，聽其弟子黎瓊仙所言，遂撰《井山華姑仙壇碑銘》以頌之。

胡慧超之外，對洪州西山道教產生較大影響的是施肩吾。施肩吾[104]，字希聖，睦州（今浙江桐盧）人。施長於詩文，憲宗元和十年（815 年）進士及第，不待除授即東歸，大和中（827-835年）自家鄉嚴陵入西山訪道棲

・施肩吾像

---

101 《逍遙山萬壽宮志》卷十三《人物志》。

102 《曆世真仙體道通鑒》卷三十一《萬振傳》。

103 《逍遙山萬壽宮志》卷十三《人物志》。

104 道教史籍中有兩位施肩吾，一為唐人，一為五代宋人。兩人的事蹟由於史籍記載的混亂，難以區分，筆者按唐代的施肩吾敘述。

真。據稱初遇許旌陽授以五種內丹訣及外丹神方，後再遇呂洞賓傳內煉金液還丹大道、太乙刀圭火符之訣。穆宗長慶（821-824年）中終隱西山學仙，自號棲真子。施與張籍、徐凝等交好。張籍《送施肩吾東歸》云：「知君本是煙霞客，被薦因來城闕間。世業偏臨七里瀨，仙遊多在四明山。」描寫他熱衷於求仙訪道的風標。施氏在西山，著力重振了許遜信仰崇拜。當時游帷觀成了廢墟，破廟無容身之地，且自胡慧超以來，許遜後裔傳授符籙道法，不重丹功，施肩吾於是選擇傳說是吳、許早年修煉的天寶洞不遠處，辟石室隱居下來，修煉的同時大力著作。施氏著有道教著作《西山傳道記》、《會真記》、《三柱銘》等，大力宣揚西山許遜信仰。施所撰《西山群仙會真記》是道教名著。《西山群仙會真記》分為五卷。卷首五識：識道、識法、識人、識時、識物；二卷五養：養生、養形、養氣、養心、養壽；三卷五補：補內、補氣、補精、補益、補損；四卷五真：真水火、真龍虎、真丹藥、真鉛汞、真陰陽；五卷五煉：煉法入道、煉形化氣、煉氣成神、煉神入道、煉道入聖。其內容在於發明鐘呂太上至言，與其所著《鐘呂傳道集》相配合，成為金丹大道的不朽之作，為西山道士開闢了一條修煉內丹的金光大道。沒有施肩吾的西山內丹道術和胡慧超的孝道符籙道教合併起來，不可能構成許真君道教完整的體系。無怪施氏得意地說出：「今來後學，徒有道名，委入道者，非無八九，欲論得道而勝超者，西山十餘人矣。」又作詩《西山靜中吟》自負：「重重道氣結成神，玉闕金堂逐日新。若數西山得道者，連餘便是十三人。」隱指遙承十二真君道脈。施肩吾在西山淨心修煉，頗有心得，嘗貽徐凝書雲：「僕雖幸忝

‧麻姑山山門

成名，自知命薄，遂棲心玄門，養性林壑，賴聖仙扶持，雖年迫遲暮，倖免龍鍾」，道出其林壑養性確有成效。《述靈響詞序》記載他於開成三年（838年）專習「小靜關」，克期百日，「神光照目」，「精爽不昧」。《正統道藏》收其《養生辯疑論》一卷，繼承傳統的氣一元論觀點，堅持形神一體，形住神留以致長生的思想，反對濫用金石草木藥物。他在《養生辯疑論》一文中說：「⋯⋯且神由形住，形以神留，神苟外遷，形亦難保。抑又服餌草木金石，以固其形。而不知草木金石之性，不究四時逆順之宜，久而服之，反傷和氣。遠不出中年之內，疾害俱生⋯⋯吾自童年至於暮齒，見學道之人已千數矣。服氣絕粒者，驅役考召者，清靜無欲者，修仙煉形者，如斯之流，未有不聞其死者也⋯⋯」這反映的是當時正在流行起來的內丹觀念。但施氏並不完全否定丹藥。他《自述》詩曰：「篋貯靈砂日日看，欲成仙法脫身難。不知誰向交州雲，為謝羅浮葛長官。」這裡的「葛長

官」是指《抱朴子》的葛洪，《抱朴子·內篇》是主張金丹為「仙道之極」。表明他非常熱衷於丹藥並且親自實踐。

正是張氳、胡慧超、施肩吾等高道在洪州西山的活動，確立了洪州西山在道教史上不可忽視的地位。

五　麻姑山等地道跡

隋唐五代時期，除了廬山、龍虎山、洪州西山的道教得到興盛外，江西境內其他地域的道教也得到了一定的發展。略述如下：

《雲笈七籤》和《名山志》載：「中國有三十六洞天，七十二福地，分布九州四海，只獨有麻姑山，既有洞天，又有福地，秀出東南。」麻姑山位於江西南城縣西，離城約十華里。屬武夷山系軍峰山之餘脈，海拔約五百米，據葛洪的《抱朴子》記載，「麻姑於此得道」，麻姑山名也自此而得，並成為羽流、名賢棲遊之地。隋唐時期，有不少人修道於麻姑山，其中以紫陽真人鄧思瓘最為著名。據說唐玄宗時期鄧思瓘入麻姑山學道，育念天篷神咒，感應北帝遣真人降授劍法，遂創立北帝派教團，以麻姑山

· 顏真卿《麻姑仙壇記》部分

為活動中心，影響日漸擴大。據李邕《唐東京福唐觀鄧天師碣》說，鄧思瓘因此為唐明皇賞識，開元二十三年（735年）應詔入京，對答稱旨，受命巡遊江南諸郡。次年覆命，「敕度為道士，名曰紫陽」，配住東京福唐觀，兼本郡龍興觀事。同年九月隨駕至西京，敕安置同德興唐觀。開元二十六年（738年）春奉敕詣王屋、函谷、宗聖及諸名山修功德。次年去世，遺言請御書仙靈觀額，並於麻姑山置廟，玄宗許之。詔度其弟鄧思明為道士，賜紫金法衣及錢物。天寶五載（746年），玄宗遣人投龍於麻姑山瀑布，據傳石池有黃龍現，玄宗因此極為感動，覆命增修仙宇，降賜仙姑真儀部從，塑立諸像，顯耀祠宇[105]。麻姑山聲名大噪，道士爭相來此講道，成為中南一帶道教中心。鄧思明之後，其侄鄧德誠繼修香火，弟子譚仙岩、史玄洞、左通玄、鄒郁華等皆精通法籙。大曆中，有女道士黎瓊仙，年八十而容色益少，時人稱為華姑。北帝派世代傳承《天篷經》及北帝劍法，其弟子稱上清北帝太玄弟子，修習經籙有《北帝籙》、《天篷經》、《北帝伏魔經》、《北帝禁咒經》、《上清飛玄羽章經》、《北帝三部符》、《北帝朝儀》等。以劾治六天鬼神，僻邪禳禍為事，並修習靜思服氣之術，以符水為人治病。屬上清與正一兼融的道派，故亦稱作「盟威上清之道」。據孫夷中《三洞修道儀》，該派在唐末五代尚

---

105 唐代帝王為求自身的福壽和國家的太平，崇信道教齋醮祈福禳災的功效。「投龍」是將寫有祈福消罪願望的文簡，和玉璧、金龍、金鈕用青絲捆紮，在舉行齋醮科儀後，投入名山大川、岳瀆水府，以告謝天地。投龍地點多在道教的洞天福地，或帝王認為重要的道跡所在。

傳承不絕，北宋以後大概歸入新興的天心派。

「曾遊仙跡見豐碑，除卻麻姑更有誰？」[106]麻姑山在唐代中期以來享有盛名，也與顏真卿、劉禹錫、白居易等文人名士的鼓吹相關。顏真卿於大曆年間刺撫州時，撫州是道教興盛發達的地方，特別是唐代女仙信仰的中心之一。顏氏記述道：「麻姑得道於名山，南真升仙於龜原，華姑鶴翥於茲嶺，瓊仙妙行，接踵而去」[107]，「南真」即南嶽夫人魏華存，也就是《真誥》所寫降臨諸女仙的主角，據說她在龜原「劍解」仙化的；而華姑是天寶年間在撫州井山「上升」的女道士；黎華瓊是華姑的「同學弟子」，也是顏真卿治撫時認識的仙壇觀女道士。顏氏描述在撫州接觸女冠們的情況說：「今道士黎華瓊仙年八十而容色益少；曾妙知夢瓊仙而餐花絕粒；紫陽侄男曰德誠繼修香火；弟子譚仙岩法籙尊嚴；而史元洞、左通元、鄒郁華皆清虛服道，非天地氣殊異，江山炳靈，則曷由纂懿流光，若斯之盛者矣！真卿幸承餘列，敢刻石而志之。」[108]顏真卿生活在這樣濃厚的道教環境中，又本有長年慕道的背景，自然誘發出更強烈的神仙崇拜的熱忱，因而撰寫《撫州南城縣麻姑山仙壇記》、《晉紫虛元君領上真司命南嶽夫人魏夫人仙壇碑銘》、《撫州臨川縣井山華姑仙壇碑銘》三篇文章，詳細記述了三位仙靈的傳說，表露出作者慕道尚仙的熱情。這三篇作品也可以看做是一組關於道教女仙傳統和撫州當

106 《全唐詩》卷三六一劉禹錫《麻姑山》。
107 《全唐文》卷三四〇顏真卿《撫州臨川縣井山華姑仙壇碑銘》。
108 《全唐文》卷三三八顏真卿《撫州南城縣麻姑山仙壇碑銘》。

·閤皂山山門

地女仙信仰實態的系列文章，在道教史上具有重要的價值。

　　唐朝中前期，張道陵第十四代孫張惠感與其徒孫智諒從高安的崇元觀來到奉新浮雲山的玄秀峰修身煉丹。因其修煉處常有「浮雲」罩其上，因而被人稱為「浮雲觀」。神龍元年（705年），武則天召張惠感到京城為國師。孫智諒也與唐朝皇室有著密切的連繫。開元二十五年（737年），玄宗皇帝派洪州觀察使韓朝宗禮迎自稱已經一二○歲的孫智諒進京。唐玄宗問他何術而得高？他答以「居山食果飲水而已」；又問他治國之策，他又答以「聖人之道在一心而不他求也」。無疑，孫智諒頗得政治道士之真諦。當時天下大旱，玄宗請其夜醮祈雨，有驗。後玄宗應孫智諒之請，賜浮雲觀「浮雲」匾額一塊，浮雲觀正式得名。玄宗五十三歲生日時，請孫智諒投金龍於浮雲山的浮丘石室，以祈長生不老，浮丘石室遂名「投龍洞」。相傳孫智諒一四○歲時得道而逝。又傳唐會昌年間，一位姓龔的奉新鄉民在此洞得《六丁禱雨訣》，每逢乾旱，念此訣就會下雨。另外，奉新東白源，傳為

西晉道人劉道成修真成仙之地。劉仙逝後，縣人為祭祀他，於南朝梁時於縣城西門始建闔業觀。闔業觀唐末毀於兵火，道士徐守征修復。南唐時，高士胡仲堯重修，南唐君主曾賜詔褒獎，著名文人徐鉉作「碑記」，對闔業觀所處環境極盡讚美之詞，稱其「居然人境之間，自是仙遊之地」[109]。

　　清江閣皂山，是道教靈寶派的祖庭，江南三大道教名山之一，唐高宗儀鳳年間（676-679 年）賜號為天下第三十三福地。閣皂山傳道較早，東漢葛玄在此修道煉丹建「臥雲庵」，葛玄「仙蛻」後改名「靈仙館」，隋時焚毀。唐代時期，閣皂山道教風氣轉濃。據載，開元年間（713-741 年），內廷修齋，道士孫智諒奉旨投金龍玉簡於玉笥山。泊舟江畔，見異氣於東川之山，疑有古跡，遂於閣皂山掘得銅鐘一口，重百餘斤，鐘下得玉像三尊，因在靈仙館的基礎上改置閣皂觀。咸通（860-874 年）間遭火，唯古鐘、玉像存。尋有處士楊薦父子次第葺之。經唐到五代南唐，改名太平觀，並因此立太平觀碑。此碑碑頂至底座通高四點〇七米，碑身高三點七五米，寬一點二五米，厚〇點三一米。青石質，平面圓頂方足。頂端雕刻披雲，兩側起凸棱三道，額中開一圓孔，直徑〇點一米。石龜為座，形體豐盈，刀法粗獷，姿態雄健，碑身莊重肅穆，碑銘陰刻南唐禮部侍郎江文蔚創修太平觀序文，凡一二〇〇餘字。字大如卵，勒石精緻，書體端莊，筆力挺拔，是研究南唐時期碑碣造型、雕刻書法藝術以及道教文化

・玉笥山山門

的珍貴實物資料，惜碑文今多不存。

新喻縣飛茅山的同真觀，是隋朝陳真人、羅真人居住之地。白石山是他們煉丹之處。唐武德年間道士守一建築殿宇，取名白石觀，至北宋宣和時改名善應觀。

峽江的玉笥山是江西的三大道教中心之一。元揭傒斯《玉笥山萬壽承天宮碑》記載：「天下稱大名山在大江之西者三，曰匡廬，曰閣皂，曰玉笥；玉笥又為天下絕境。按道書及圖志，於洞天則太秀、法樂，於福地則鬱木，兼有洞天福地之重。」峽江玉笥山承天宮，是附近諸道教宮觀之首。承天宮建在洞天之西、三會峰下。唐貞觀年間（627-649 年），吉州刺史吳雲偕棄官舉家在玉笥山中修道，略有名氣。後來唐玄宗頒旨為他修建雲偕寺。開元中（713-741 年），玄宗「遣使建河金籙醮，祝禧其間，而

玉笥之名聞於天下」[110]。當地的道教觀院很多，「凡十數」。唐後期，被朝廷敕封為「八州都威儀沖真大師」的劉潛穀建老君院於玉梁觀之旁，道士曹思明又建精思院，而王處士改玉梁觀為靈寶院。到南唐，靈寶院等復為玉梁觀。說明玉笥山傳播的道教與靈寶派相關。唐代羅子房、羅西元、謝修通、劉道平等，是當地著名的道徒。南唐前期，以「天心正法」著名的譚紫霄，曾入玉笥山為道士；南唐後期，名儒孟賓於隱於玉笥山，自號群玉峰叟，「與道家流遊處」[111]。此外，峽江集真觀，是唐初女道士危元麗、楊道沖修煉所在；清真宮，建於南朝梁代，唐穆宗長慶中（821-824 年）謝修通及其母親在此修煉悟道。

上饒靈山是江西境內早期的道教基地之一。東漢末年，河南道人胡昭隱修於此。西晉太康年間，鄉人奉詔在石人峰下建胡征君祠，以祀胡昭。唐貞元六年（790 年），諸邑大旱，安徽宣州人、德宗進士、刑部侍郎劉太真奉旨至信州。劉幼善文，崇道學。劉太真偕同樣好道的信州刺史李德勝到胡征君祠祈雨。禮畢，大雨滂沱，劉太真立化祠中仙去。李德勝和縣人感其恩德，遂捐資修茸胡征君祠舊殿宇，塑劉太真像於祠中，與胡昭共用祭祀。宇成之日，李德勝親往祭祀之時，也神化於焚香之中。民眾亦塑其像於祠中，與胡、劉一同享祀。傳說，胡、劉、李的仙蹤到處出現，解國難、舒民困，威名遠震。

---

110 光緒《江西通志》卷一二二《寺觀二·承天宮》。
111 《江南野史》卷八《孟賓於》。

虔州在六朝時期道教蹤跡較渺茫，然因自然地理多大山深谷、林密幽邃，宜避亂隱居。隋唐以來，隨著嶺南、江西佛道的興盛與發展，道士、佛僧等，到這裡棲息的逐漸多了起來。傳說真人劉繼先於玄宗開元中到贛縣玉虛觀，煉丹修道。唐大中十三年（859年），魏真人在龍南建明德觀，修道煉丹。

六　洞天福地與江西道風

道教把整個宇宙分為天界、人間和冥界三個部分，先秦秦漢人們概念中的神仙是自由地遨遊在上天或居住、活動在海外仙島、西極昆侖等凡人所不及的地方的。道教發展至唐代，隨著人間仙境思想盛行，地上的名山被看成是神仙居住的洞天福地，這是和「地仙」、「屍解仙」等觀念同時形成的思想，也是適應魏晉以來新神仙思想和神仙術發展需要的產物。道教的經書《老子想爾注》稱：「一者道也，一散形為氣，聚形為太上老君」，把老子神化為眾生信奉的神靈。然後，老子一氣化為三清，產生了玉清元始天尊、上清靈寶天尊、太清道德天尊。天尊大神之外，又有其他的天神、地祇、人鬼，形成一個等級分明的神仙體系，而神仙們的住地就是「洞天福地」。《真誥》裡提出了「三十六洞天」之說，並列舉三十六洞天。這些洞天也都在名山上，具體指神仙所在的山洞。在當時，「洞天」與「福地」還是統一的概念。但到六朝後期，經過「清整」的道教更加緊密地向統治者靠攏，南北朝廷也更加尊崇道教，隨著道教在政治中心之地得到發展，在通都大邑特別是各王朝都城建立起許多道觀，這些道觀在規模、建制、功能上均受到佛教寺院的影響，成為道教活動的新

中心。而到唐代，隨著道教的發展臻於極盛，廣大城鄉有更多的道觀創建起來。道觀作為宗教養煉的聖地，在道教信仰者心目中是一種遠離塵囂的理想境界，是擺脫世俗束縛、性靈舒展的地方。如李白天寶九載（750年）客居潯陽時，曾作《尋陽紫極宮感秋作》，描寫了在紫極宮居住時的情境和感想：「何處聞秋聲，翛翛北窗竹。回薄萬古心，攬之不盈掬。靜坐觀眾妙，浩然媚幽

·傳為董源描寫「道家洞天」的《洞天山堂圖》

獨。白雲南山來，就我簷下宿。懶從唐生決，羞訪季主卜。四十九年非，一往不可復。野情轉蕭散，世道有翻覆。陶令歸去來，田家酒應熟。」紫極宮本是唐廷於天寶二年敕建的玄元皇帝廟，李白宿於道院，對人生有了新的體驗：世事萬物轉頭成空，不如學陶潛歸隱學道。顯然，是道教聖地的風物助長了他的學道情懷。唐代著名道士司馬承禎《天地宮府圖》，區別「洞天」和「福地」，列出神仙所居的十大洞天、三十六小洞天和七十二福地，全部在海內名山。司馬承禎區別洞天與福地的同時，又擴大了它們的數量，並區分出等級，實際仍是傳統宮觀觀念的發揮，並把道院作為是新型的洞天福地。當然這也反映了當時道教宮觀在鄉

野間更多地建設發展起來的實際。芸芸眾生之中的道徒們努力尋找這些洞天福地，並潛心在所謂的洞天福地中修煉，企圖借此養生長生、得道成仙。

　　洞天福地是道教認定的群仙、真人統治之所和得道之處，是自然山川的宗教化，體現了道教對於自然山水的一種特殊的宗教把握。洞天福地的處所及其等級排列，可以比較明確地反映出道教地域分布以及各地域在道教體系中的地位。江西全境山清水秀，適合道徒修煉之地甚多。江西地區的「洞天福地」數量多，占總數的十分之一。據《天臺山記・名山洞天福地記》天下三十六小洞天中，江西佔有五洞天。即：第八洞天是廬山，名洞靈詠真之天；第十二洞天，洪州西山，名天寶極玄之天；第十五洞天，信州貴溪縣鬼穀山，名玄思之天；第十七洞天，峽江玉笥山，名太秀法樂之天；第二十八洞天，南城麻姑山，名丹霞之天。七十二福地中，江西有十三個，即：第七福地，新幹縣鬱木坑；第八福地，南城縣丹霞洞；第二十九福地，貴溪縣龍虎山；第三十福地，上饒縣靈山；第三十二福地，甯都縣金精山；第三十三福地，新幹縣閣皂山；第三十四福地，豐城縣始豐山；第三十五福地，南昌縣逍遙山；第三十六福地，奉新縣東白源；第四十七福地，江州（星子縣）虎溪；第四十八福地，都昌縣元辰山；第四十九福地，鄱陽縣馬蹄山；第六十八福地，廬山。由這些洞天福地的數量與排序，表明唐代江西地區的道教發展比較普遍，信仰的氣息較濃，影響較大。但從排列的次序，又可以看出江西道教只處於中等地位，尚不成為一流。明顯的標誌就是，十大洞天即「洞天福地」中的第一等級，江西沒有一個；三十六洞

天、七十二福地中，江西的排名也沒有在先進行列。

「先是，道教之行，時罕習尚，惟江西、劍南人素崇重。」[112]
江西有產生最早的比較純正的道教文化。五代宋初的徐鉉從地域
文化角度指出了這一點：「道之為體也大，大則眾所不容；道之
為用也柔，柔則物莫與校。南方之強也，故沖氣之所萃，異人之
所生，壇館之所宅，景福之所興，相乎域中，南楚為盛。」[113]南
宋末，劉辰翁從天文地理角度也指出：「鬥為江湖，去虛危最
近，觀劍氣者常在焉。豐城者未嘗失，延平者未嘗在也。仙聖往
還一氣，遇物成形。西山之下有劍焉，曰旌陽，東陽之上有劍
焉，曰真武。其地合，其宿近，故其神最靈豫章、吳、楚之
間。」[114]他們認為以江西為代表的東南地區天地山川之氣──地
理條件、天文條件最有利於道教發展。正所謂靈區異境，固然有
其獨特的道理，因為道教所追求的環境之一就是如此。但地域因
素，還得借助人文精神。江西道教雖產生早，但傳播力、影響力
卻有限；在道教成長的關鍵南北朝時期，以龍虎山天師道為代表
的江西道教偏重於比較實際的道務，如符籙、煉丹等，卻幾乎沒
有什麼道教理論建樹，因而在全國處於不高的地位。煉丹要具有
相當的經濟條件，其材料非一般貧苦人所能備辦；符籙雖在民間
形成影響，但幾乎與巫術一樣，處於道教的基礎部分。唐皇朝把

112 《宋會要・道釋》一之十三。
113 《徐文公集》卷二十六《洪州奉新縣重建閭業觀碑銘》。
114 《須溪集》卷四《玉真觀記》。

道教視為帶有「御用」性質的「氏族宗教」，江西道教因緣際會，開始復興。然而，除了洪州西山以胡慧超、施肩吾等少數人重視本區道教的理論建構外，大多數道士仍滿足於呼風喚雨、吞劍驅鬼式的方術化。學道人不研究經典，行道主要在民間。史言：「行道於民間，……至傳教，經典道德、南華、黃庭、靈飛諸帙吐納修養之術，未聞研焉。教之衰替，有自來矣。」[115]沒有足夠的理論支持，終歸對江西道教發展造成了極大的限制。簡言之，六朝隋唐江西道教追求世俗實用性，在經典整理、理論追求、開宗立派方面與全國其他地區著名的道教宗派相比，明顯不足。所以江西的道教創立雖早、分布雖廣、信仰人數雖多，但在全國道教中的地位卻只能居於中下流，「洞天福地」的名單只是江西道教地位的真實反映的一個方面。這與同時代本區的佛教禪宗形成了鮮明的對比。

信仰道教需要相當的物質基礎，道教所追求的神仙不僅十分神秘和迷茫，而且對於衣食無著的人來說也非生活的急切之需。唐代佛教與道教相較，特別是由於更加簡易的淨土法門的興盛和禪宗的興起，適應著更為廣大的社會層面的精神需要，得以在普通民眾和士大夫之間更加廣泛地普及。這也是唐代道觀較佛寺數量為少、道士相對於佛教僧侶人數為少的一個原因。按諸江西地區的佛教、道教，情況也正如此。江西的信佛、通道人數有多

---

115 謝祖安修、蘇玉賢撰：《民國宜春縣誌》，見《中國地方誌集成・江西府縣誌輯》，江蘇古籍出版社一九九六年版，第404頁。

少，無法說明，但江西地區信佛者大大多於通道者，則是毋庸置疑的。

　　道教為華夏本土宗教，為中國文化之根柢，對於形成中華民族獨特的心理素質，影響與作用非小。道家的自然主義哲學被道教繼承發展為一套宗教理論與實踐。道家崇尚的自然，成為道教神仙世界的物質基礎，「取天地之靈氣，汲日月之精華」，餐風飲露，沐陰浴陽，是神仙世界高於現實世界的物質享受；道家所追求的自由個性成為道教頂禮膜拜的大小神仙；道家對個體感性生命的珍重，變成了道教追求羽化登仙、長生不老的神仙方術。江西是道教的發祥地和千年香火不絕的祖庭所在地，道家哲學與道教實踐對江西民眾的精神生活產生過巨大而深遠的影響。盧山、龍虎山、閣皂山、三清山、西山等上千年不絕的香火是人們委運任化、樂天安命、養生盡年的理想寄託，也在一定程度上構成了江西民眾保守、無為以及缺乏社會責任感的思想負擔。

第六章 ——

民俗新潮與民風流變

先秦以來，地處長江中游的江西受吳、楚、中原、嶺南等地特別是楚文化的影響，民俗民風浸潤著吳楚等地的文明氣息。隋唐五代時期，隨著江西獨立經濟文化區的生長與形成，本地區逐漸培養出了一些頗具自身地域特色的民俗民風。

第一節 ▶ 民生時俗

隋唐五代的江西，受傳統思想文化與地域文化的影響，伴隨著經濟、文化地位的上升，社會風俗的獨立個性開始逐漸凸顯。其中，重教育、好讀書、求登科的風氣，信仰佛、道等宗教的習俗，滲透於民眾的日常生活之中，因前面有關章節已有說明，在此不再贅述。本節僅就這一時期與江西民眾日常生活連繫緊密的衣食住行、歲時節令、婚喪嫁娶等民俗概略敘述。

一 衣食住行

《新唐書・禮樂志》云：「凡民之事，莫不一出於禮。由之以教其民為孝慈、友悌、忠信、仁義者，常不出於居處、動作、衣服、飲食之間。蓋其朝夕從事者，無非乎此也。」在統治階級看來，人們的衣食住行要遵循禮儀規範，並以此區分社會等級。不過，隋唐五代是講究禮制但又不是十分嚴格的時代，日常生活充滿著禮制的色彩，同時又從各地的風俗習慣，這在江西民眾的日常衣食住行得到深刻的體現。

（一）衣

服飾是人類生活的基本要素，是人類文明的一個標誌。繼承了周、戰國、魏晉時期的風格，融周代服飾圖案設計上的嚴謹、戰國時期的舒展、漢代的明快、魏晉的飄逸為一體，隋唐服飾又在此基礎上更加華貴，使服飾、服飾圖案達到了歷史上的高峰。其中服飾圖案，改變了以往那種天賦神授的創作思想，用真實的花、草、魚、蟲進行寫生，但傳統的龍、鳳圖案並沒有被排斥，這也是由皇權神授的影響而決定的。盛唐服飾圖案的設計趨向於表現自由、豐滿、肥壯的藝術風格，晚唐服飾圖案則更為精巧美觀。花鳥服飾圖案、邊飾圖案、團花服飾圖案在帛紗輕柔的服裝上，真是花團錦簇，爭妍鬥盛。在封建社會中，服飾除了蔽體禦寒等自然屬性外，其本質特徵是等級性。秦漢以來，各朝的冠服制度基本定型，一直沿襲至隋唐五代並無大的變化。不過冠服之外的常服日益受到重視，並在大多數場合取代了冠服的地位，於是統治者亦將常服等級化。隋初，上自皇帝下至庶民都穿黃袍，官員只是束九環與庶民相區別。大業六年（610 年）後，隋煬帝整理服飾制度，才初次在常服外劃分等級，規定官員五品以上穿紫袍，六品以下穿緋或綠袍、胥吏穿青袍、庶民穿白袍、屠沽穿黑袍、士卒穿黃袍。唐太宗進一步強化了這一制度。貞觀四年（630 年）朝廷頒布《定服色詔》，正式詳定「尋常服飾」的「差等」，規定了各色人等穿著的紫、緋、綠、青、白、黑、黃服色等級。隋唐江西民眾應無一例外地遵循了這種制度，儘管在實際穿著中可能有差異。

六朝以來，江西開始生產蠶絲，但隋唐五代時期本區仍主要

生產麻、葛，衣料普遍為麻布、葛布。詩僧靈澈《東林寺酬韋丹刺史》所云「麻衣草履亦容身」，即是對江西民眾一般穿著的真實反映。貴族、官僚、地主也有穿綾羅綢緞的，但是有限。由於本區衣料生產的有限性，好一點的衣料都往往來自外地。元和年間江州司馬白居易《元九以綠絲布白輕裕見寄製成衣服以詩報知》詩云：「綠絲文布素輕裕，珍重京華手自封。貧友遠勞君寄附，病妻親為我裁縫。褲花白似秋雲薄，衫色青於春草濃。欲著卻休知不稱，折腰無復舊形容。」白氏之所以感動，是因為這些衣料在江西地區得之不易。

隋唐時期服式，上衣主要有襦、深衣、褻衣、襖、裘、袍、衫等。短上衣為襦，為一般百姓平時穿著。深衣是衣與裳連而為一，下麵垂到踝部，為「士」階層以上的常服，庶民的「禮服」。貼身穿的上衣稱為褻衣，也稱衷衣。裘是皮衣，毛向外；袍是絮了亂麻或舊絲棉的長衣。下衣有裳、裙、綺。大致說來，裳也是裙，古代男女服裝區別不大，男女均著裙。江西人穿的應是和荊楚地區差不多的「不縫裙」。綺即褲子，不過形制同現代差別相當大，綺沒有前後襠，只有兩個褲筒，類似於現代的套褲。而當時的褌，則類似於今天貼身而穿的短褲。這一時期，江西地區的衣服名稱大致與全國其他地區一樣。

當時的男衣，服飾相對單一。頭戴襆頭、紗帽，身穿圓領袍衫，腳蹬鞋或靴，樣式尚無明確限制，袍衫唯一以顏色來區分等級高低。女性穿著比較開放與自由。婦女頭戴釵飾，下身著緊身長裙。裙子裙色多樣，但以紅色為尚。白居易江州作《江樓宴別》詩云：「樓中別曲催離酌，燈下紅裙間綠袍。」李中《溪邊

· 隋唐男子的服飾（部分）

· 唐代婦女服飾圖

· 隋唐婦女服飾的一般裝式

吟》云：「茜裙二八採蓮去，笑沖微雨上蘭舟。」所雲「茜裙」就是茜草作染料染成的紅裙。唐代南方服式的地方特點還表現為衣衫大袖，曳地長裙。連長江上駕船的人也著「寬袖衫」，人們認為這是「吳楚之制」[1]。直到唐後期這種服式才發生變化，改成窄袖短裙。江西人的服式也應大致如此。

唐代的鞋襪稱為足衣。包括江西在內的廣大南方以穿鞋為主，當時鞋的名稱繁多，有屨、履、屐等。《太平廣記》卷四六四《鮒鯦魚》載：「一旦，（饒州）吳生醉歸，投身床上，妻為整衣解履，扶舁其足。」王季友《酬李十六岐》：「賣藥販履俱逃名。」《十國春秋·楊彥伯傳》載，新淦人楊彥伯，唐末謁選長安時，於華陰旅舍，「忽失所著履」。普通民眾大多時候穿草鞋。《太平廣記》卷五十五《伊用昌》：「江南有芒草，貧民采之織屨。緣地上卑濕，此草耐水，而貧民多著之。伊風子至茶陵縣門，大題云：『茶陵一道好長街，兩畔栽柳不栽槐。夜後不聞更漏鼓，只聽錘芒織草鞋。』」而富貴之家日常多穿布鞋。如李建勳《春詞》云：「日高閒步下堂階，細草春莎沒繡鞋。」

江西人也與全國其他地方一樣，流行戴帽。《太平廣記》卷三一四《潯陽縣吏》：潯陽縣吏「脫衣棄帽」之事。此外，戴頭巾在當時也極其普遍。《太平廣記》卷二四三《龍昌裔》記：盧陵人龍昌裔被雷震死後，「官司檢視之，脫巾於髻中得一紙書，則禱廟之文也」。

1　《舊唐書》卷一〇五《韋堅傳》。

（二）食

飲食在民眾生活中是最基本的也是最主要的內容。飲食結構帶有地區性、民族性的特點，同時也與時代的社會階層及其物質條件相關聯。長期以來，飯稻羹魚是江西人民傳統的飲食習慣。《隋書·地理志下》云：「江南之俗，火耕水耨，食魚與稻，以漁獵為業。」「食魚與稻」就是唐朝初年人們對江南（包括江西）飲食的基本認識。江西是稻米的主要產地，自然以食用稻米為主，就連流落到本區的北方人也逐漸習慣了食稻米飯。元和年間白居易謫居江州時，曾詩述自己的日常飲食，「貧廚何所有，炊稻烹秋葵。紅粒香複軟，綠英滑且肥」[2]。晚唐詩人薛逢描寫廬山五老峰隱士生活云：「高齋既許陪雲宿，晚稻何妨為客春。」[3]六朝以來，隨著北方人口的大量南遷以及農業經濟區的南移，麥、粟等北方旱作在南方開始種植並日漸推廣，從而使南方食物結構更加趨於合理。隋唐五代江西的麥、粟等種植已較普遍，民眾也有以麥、粟作為主食的。《太平廣記》卷三十九《崔希真》載，洪州一般人家裡有大麥面充飯的。受道家飲食方式的影響，江西有的民眾還食胡麻飯。同書卷四十七《馮俊》載：馮俊作傭工至廬山，即曾食用胡麻飯。

江西與全國大多地區一樣，食用的主食中還有餅。隋唐五代的「餅」，不僅包括了現代意義上的餅，也包括了今人所稱的饅

2　《全唐詩》卷四三〇白居易《烹葵》。
3　《全唐詩》卷五四八薛逢《五老峰隱者》。

頭、麵條、包子等。唐代「胡風飲食」興盛，在江西流行的主要是胡餅。胡餅是在漢唐時期由西域傳來的一種麵點，類似於現代的燒餅，有素餅、油餅、肉餅、芝麻餅等不同的種類。《太平廣記》卷三八四《阿六》載，寶應年間，饒州龍興寺奴名阿六，從陰間起死回生之際，「逢素相善胡。其胡在生，以賣餅為業，亦於地下賣餅」。又同書卷二七一《曹惠》亦記唐江州參軍曹惠之子「食餅」之事。此外，《指月錄》記載：「（懷海）參馬大師為侍者，檀越每送齋飯來，師才揭開盤蓋，馬大師便拈起一片胡餅，示眾云：是甚麼？每每如此，經三年。」以上事例說明，江西地區吃胡餅比較流行。此外，主餐喝粥也是江西人日常飲食的習慣。《太平廣記》卷四〇二《李灌》記，李灌在洪州建昌縣時，曾以湯粥餵食一病重的波斯商人。江西地區粥的原料主要源於稻、麥。不過配料不同，成為名目各異的粥。白居易《清明日送韋侍御貶虔州》詩云：「留餳和冷粥。」餳是用麥芽熬製成的黏糖，亦可製成粥，稱為「餳粥」；又曹松《鍾陵寒食日郊外閒遊》詩云：「可憐時節足風情，杏子粥香如冷餳。」說明當時南昌地區已有在粥中放杏子而做成的杏子粥。

自然界中，許多植物的種實含有澱粉物質，可以作為穀物的代用品。隋唐五代的江西人在繼承前人採集經驗的基礎上，選擇了芡食、菱芰、橡實、葛根等植物種實作為食品，有效地補充了糧食的不足。如白居易《東南行一百韻》：「泥中采菱芡，燒後拾樵蘇」；貫休《送納僧之江西》：「過溪遭惡雨，乞食得幹菱」，都反映了江西民眾常食菱、芡的生活事實。

隋唐五代時期副食已較為豐富，南方主要以魚蟹蝦類水產為

主。武則天聖曆三年（700 年），朝廷下令禁止屠殺，鳳閣舍人崔融上奏反對，稱：「江南諸州，乃以魚為命……一朝禁止，倍生勞弊。富者未革，貧者難堪。」[4]江西吃魚蟹蝦等水產的風俗，僅從白居易一人的詩文中就可得到很好的說明。元和十年（815年），白居易貶為江州司馬，途中作《舟行》：「船頭有行灶，炊稻烹紅鯉。」後在江州又作《東南行一百韻》：「亥日饒蝦蟹……鼎膩愁烹鱉，盤腥厭膾鱸。」作《首夏》：「溢魚賤如泥，烹炙無昏早。」作《風雨中尋李十一因題船上》：「小楫沽清醑，行廚煮白鱗。」南方魚類豐富，武昌魚、鱸魚、鯽魚等是當時有品的經濟魚，素為江西民眾所嗜食。如獨孤及《下弋陽江舟中代書寄裴侍御》云：「得餐武昌魚，不顧潯陽田。」黃滔《鐘陵故人》云：「一箸鱸魚千古美，後人終少繼前蹤。」韓翃《送王侍御赴江西兼寄李袁州》云：「臘酒湘城隅，春衣楚江外。垂簾白角簟，下箸鱸魚膾。」《酉陽雜俎》續集卷八載：「潯陽有青林湖鯽魚，大者二尺有餘，小者滿尺，食之肥美，亦可止寒熱也。」此外，醃制加工而成的魚鮓，也為一部分江西人所喜愛，如《江南野史》記，「陳陶所居不與俗人接，唯嗜鮓，一啖或至十臠」。由於江西人長期食用水產，已有豐富的辨別有害水產的能力。《太平廣記》卷四六四《鮒鯷魚》記，江西人認識到，「鮒鯷魚，文斑如虎」，「煮之不熟，食者必死」。這一時期，江西地區的肉食豐富，除了魚蝦等水產外，豬肉、牛肉、羊肉、狗肉乃至驢

肉，以及雞、鴨、鵝等家禽肉，都是民眾食用的對象。《太平廣記》卷五十五《伊用昌》載，天祐癸酉年，江西人伊用昌夫妻「至撫州南城縣所，有村民斃一犢。夫妻丐得牛肉一二十觔，於鄉校內烹炙，一夕俱食盡」。同書卷一三二《劉知元》載，唐虔州司士劉知元攝判司倉，「大酺時，司馬楊舜臣謂之曰：『買肉必須含胎，肥脆可食，餘瘦不堪。』知元乃揀取懷孕牛犢及豬羊驢等殺之。」《清異錄》卷二《糟糠氏》記，南唐時，盧陵玉笥人陳喬喜食蒸肫（小豬），戲稱：「此糟糠氏面目殊乖，而風味不淺也。」此外，江西是眾多野生動物活動的場所，肉食中，還有不少源於野生動物。如《酉陽雜俎》續集卷八載：「洪州有牛尾狸，肉甚美。」牛尾狸即果子狸，是野味中的珍品。《太平廣記》卷一九三《鐘傳》記：豫章人鐘傳「不事農業，恒好射獵。

熊鹿野獸，遇之者無不獲焉」。這些獵物自然成為人們餐桌上的肉食。《十國春秋・陳允升傳》載，五代時饒州陳允升，「家世弋獵，允升獨不食其肉」，也說明狩獵所獲物是民眾肉食的來源之一。

· 傳為廬山白居易草堂前種荷養魚的池塘

「惟有杯盤思上國，酒醪甜淡菜蔬甘。」[5]隋唐五代時期，中國的蔬菜種類已極其豐富，幾近於現代，江西地區的蔬菜具體有多少種今人難得知曉，但與全國大部分地區一樣豐富則無疑。我們從時人的詩文中可以瞭解到當時江西一些蔬菜的名稱。白居易《夜宿江浦聞元八改官因寄此什》：「若報生涯應笑殺，結茅栽芋種餘田。」韋應物《簡寂觀西澗瀑布下作》：「菜瓜邀真侶，觴酌洽同心。」《太平廣記》卷四〇〇《于都縣人》記：於都縣有一人「擔兩籠黃瓜」。同書卷四十七《宋玄白》記：宋玄白「辟穀服氣，然嗜酒，或食彘肉五斤。以蒜韭一盆，手撮肉吃畢，即飲酒二鬥，用一白梅。人有求得其一片蒜食之者，言不作蒜氣，味有加異，有終日在齒舌間香不歇。人間得蒜食者頗多，而畢身無病，壽皆八九十。」同書卷一三九《朱慶源》，豫章豐城人朱慶源家中「生蓮」，蓮藕當為蔬菜應無疑。

野菜本是家貧之人療饑所食，但一些野生菜蔬如筍、山菇、蕨菜等，也是江西人喜愛的副食。江南多竹，嫩筍充食，自是江南村野特色。白居易在江州時作《食筍》說：「此州乃多竹，春筍滿山谷。」不少人入山拔筍，在早市出售，「物以多為賤，雙錢易一束」，價賤而又美食。熊孺登《青溪村居二首》云：「家占溪南千個竹，地臨湖上一群山。漁船多在馬長放，出處自由閑不閑。」「深樹黃鸝曉一聲，林西江上月猶明。野人早起無他事，貪繞沙泉看筍生。」《太平廣記》卷四一七載，「豫章人好食蕈，

有黃姑簟者尤為美味。有民家治舍，烹此簟以食工人。」白居易《放魚》詩云江州早市：「曉日提竹籃，家童買春蔬。青青芹蕨下，疊臥雙白魚。」

當時江西人吃糖除了蔗糖、飴糖外，還有蜂蜜。開元年間，孟浩然遊廬山，作《過龍泉精舍》詩云：「入洞窺石髓，傍崖採蜂蜜。」又《太平廣記》卷四七九《蜂餘》載：廬陵應舉的士子，夜宿一村舍，即得食一老翁提供的蜂蜜，因此治好了自己的風疾之症。這即表明江西地區食蜂蜜已不是稀罕之事。

果品也是時人飲食的重要部分，也是招待客人的必備之物。《湘山野錄》卷上記載，南唐李建勳出鎮豫章時，一次外出野游，曾「連食數梨」。江西地區盛產橘、柚、梅、甘蔗等水果，這些水果自然為人們日常所啖食。此外，吃茶、飲酒也江西人民日常飲食習俗之一。這在前面第三章已有敘述。

誠如白居易《與元微之書》云：「溢魚頗肥，江酒極美。其餘食物，多類北地。」由於南北飲食文化的交流，江西地區的飲食，除了還保留了一些地方特色外，已經融會了不少其他地方的飲食風俗。其食品種類日漸豐富，飲食結構已趨於合理。隋唐五代時期，是中國菜系形成的重要歷史時期，贛菜因綜合其他地方風味，反倒地方特色不明顯。

（三）住

住所是人類生活中必不可少的重要空間，也是人類改善環境、獲取安全條件的必然結果。封建時代的居住方式有著十分顯著的等級性。唐代城市建築有了統一的規劃，官民貫徹等級制

· 江州義門陳氏居宅寫意圖

度。《唐律疏議》卷二十六《雜律》中專門對「違令」營造舍宅者制定了嚴厲的懲罰條款。唐代《營繕令》對官員和庶民宅舍作出了明確的規定。其中對一般的庶民住宅令文稱：「庶人所造堂舍，不得過三間四架、門屋一間兩架，仍不得輒施裝飾。」[6]令文對於各級官員屋舍的規定更為詳細，其實質均在於通過住宅樣式、間架面積、裝飾等來顯示其等級或身份的界限。例如，當時的建築一律採用朱紅與白色的組合，產生了鮮豔悅目、簡潔明快的色彩美。黃色成為皇室特用的色彩，皇宮寺院用黃、紅色調，紅、青、藍等為王府官宦之色，民舍只能用黑、灰、白等色。可以說，唐代是用色彩來維護統治階級的利益。另外，緣於小農經濟的生產生活方式，儘管隋唐五代不乏家族式的聚居，但獨門定居還是基本的形式。這種居住形式，無疑對房屋建築產生深刻的

6　《唐會要》卷三十一《雜錄》。

影響。

　　南方因為地理、氣候關係，在居室方面不如北方講究，柳宗元曾為國學助教凌某在長安的陋室題詩，他在詩序中說凌某本貫南方，其房屋「棟宇簡易，僅除風雨，蓋大江之南，其舊俗也」[7]。受傳統與建築技術及經濟條件的影響，隋唐五代江西的房屋以草木屋為主。白居易《潯浦竹詩》提到：江州初冬時節，人們利用農閒空隙，持刀斫竹，「家家蓋牆屋」。伐竹蓋房，自是江西村野特色。馬戴《廬山寺》詩云：「白茅為屋宇編荊，數處階墀石疊成。」劉駕《江村》詩亦云：「相承幾十代，居止連茅屋。」元稹貶官荊州時，作《茅舍》一詩，雖云楚俗，卻正是對江西地區民宅的描繪，詩曰：「楚俗不理居，居人盡茅舍。茅苫竹梁棟，茅疏竹仍罅。邊緣堤岸斜，詰屈簷楹亞。籬落不蔽肩，街衢不容駕。南風五月盛，時雨不來下。竹蠹茅亦幹，迎風自焚炧。防虞集鄰里，巡警勞晝夜。遺燼一星然，連延禍相嫁。號呼憐穀帛，奔走伐桑柘。舊架已新焚，新茅又初架。前日洪州牧，念此常嗟訝。牧民未及久，郡邑紛如化。峻邸儼相望，飛甍遠相跨。旗亭紅粉泥，佛廟青鴛瓦。斯事才未終，斯人久云謝。有客自洪來，洪民至今藉……」、「楚俗不理居，居人盡茅舍」，說明茅舍在荊楚（江西）地區帶有普遍性。其建構材料為竹及茅草，十分簡易，多沿水岸而建，低矮狹窄。在旱災少雨的季節，容易導致火災，甚至相互影響，連延一片。民間為預防火災，鄰

7　《全唐文》卷五七九柳宗元《凌助教篷屋題詩序》。

里間還要相互聯合日夜巡邏。江西各地火災毀家的事不少。僅《新唐書·五行志一》記載：高宗顯慶元年（656 年），「九月戊辰，恩州，吉州火，焚倉廩、甲仗、民居二百餘家。十一月己巳，饒州火」；武則天萬歲登封元年（696 年）三月，「撫州火」；玄宗開元五年（717 年），「洪潭二州災，火延燒郡舍。郡人先見火精赤皭皭飛來，旋即火發」；德宗貞元二年（786 年）七月，「洪州火，燔民舍萬七千家」。正是在這種情況下，中唐以來，江西一些較為發達的地方仿北方房屋建築，改造民居、換草屋為瓦屋。上引元稹《茅舍》詩所述內容，就是關於江南西道觀察使兼洪州刺史韋丹在洪州城造瓦屋近兩萬間以改善民居之事。

民間房屋的結構一般有廳、有房，還有院子以及養殖家禽家畜的地方。長期活動於江西地區的李建勳作《田家》詩云：「長愛田家事，時時欲一過。垣籬皆樹槿，廳院亦堆禾。病果因風落，寒蔬向日多。遙聞數聲笛，牛晚下前坡。」從這首詩中，我們大致可想見當時農家的房舍構成。

隱士文人建造草堂是唐代的風氣，儘管帶有私家小園林的氣息，卻也是當時民居的一種形式。江西地區以廬山建草堂最為盛行。這從時人的一些詩文可以清楚地看出，鄭弘憲在北香爐峰之北遺愛寺旁邊建草堂，韋應物作《題鄭弘憲侍御遺愛草堂》詩云：「居士近依僧，青山結茅屋。疏鬆映嵐晚，春池含苔綠。繁華冒陽嶺，新禽響幽谷。長嘯攀喬林，慕茲高世躅。」馬戴《題廬山寺》曰：「白茅為屋宇編荊，數處階墀石迭成。」杜荀鶴《題廬岳劉處士草堂》曰：「仙徑閑尋采藥翁，草堂留話一宵同。」白居易的廬山香爐峰下草堂極為著名，他為此作了數首「草堂

詩。如「五架三間新草堂，石階桂柱竹編牆」；「三間茅舍向山開，一帶山泉繞舍回」[8]，等等。另外，唐代富有貴盛之家，建別墅之風盛行，其布局以小空間的建築結構為主，佈置精巧，寧靜素雅。江西某些地區也有別墅建設。如《太平廣記》卷四〇一《宜春郡民》記載：宜春郡民章乙，「所居別墅，有亭屋水竹」。又李建勳《小園》詩云：「小園吾所好，栽植忘勞形。晚果經秋植，寒蔬近社青。竹蘺荒引蔓，土井淺生萍。更欲從人勸，憑高置草亭。」李建勳仕南唐為丞相，後歸高安別墅，此詩為李氏晚年所作。詩中所云自己的小園，正反映了唐五代莊園別墅式園林的一般情況：園中建亭、水井，種有水果、蔬菜、竹林等，這種園林建築適宜於主人居住、讀書、遊賞、宴客等多方面的生活需要。

當時修房造屋注意擇地，江西人於此也特別注意。《太平廣記》卷一四四《王哲》記載：唐虔州刺史王哲在平康裡治第西偏，家人掘地，拾得一石子，朱書其上曰：「修此不吉。」即是建屋重擇地的反映。

（四）行

出行是人們生活的重要方面。由於社會經濟文化生活的進步，隋唐五代民眾外出遠行已是平常之事。江西民眾的出行以步行為主，但也經常選擇合適的騎乘方式，特別是遠行之時。陸路

8　分別為《香爐峰下新卜山居草堂初成，偶題東壁》、《別草堂三絕句》。

的出行工具主要有人力昇抬的步輿、供人騎乘的馱畜和車輛等。《太平廣記》卷三六七《崔彥章》記，饒州崔彥章，送客於城東時，「方宴，忽有小車，其色如金，高尺余，巡席而行，若有求覓。至彥章前，遂止不行。彥章因即絕倒，輿歸州而卒」。同書卷三一四《袁州父老》記：「袁州城中有老父，⋯⋯一日有紫衣少年，車僕甚盛，詣其家求食。」一九七九年在

·唐代騎馬俑

九江市郊發現的唐墓中，有車輪一件，也反映出江西民眾駕車的事實。

由於地理環境的影響，古代南方素不養馬、驢，馬、驢的數量少，但江西人乘馬馱驢旅行卻頗為平常。《太平廣記》中就有不少這方面的事例。卷三七四《胡氏子》載，胡家得意外之財富裕後，即「市置僕馬」；卷一六八《熊執易》載，熊執易乘馬至長安赴科舉；卷三九九《潯陽李生》載，潯陽李生在貞元年間舉進士不第歸潯陽時，即乘「劣馬」；卷一八〇《湛賁》記載：袁州人彭伉「跨驢，縱游於郊郛」時，忽聞他一向侮辱的湛賁進士及第，遂失聲而墜。故袁人謔曰：「湛賁及第，彭伉落驢。」這些供旅行的馬、驢並不一定是自家所養，當時出租馬、驢的行業極為興盛。

江西江河湖泊縱橫，因此舟船是出行的重要工具。南唐董源

·董源《夏景山口待渡圖》

所作的《夏景山口待渡圖》，就反映了包括江西在內的江南民眾賴舟出行的情景。關於舟在江西作運載人、貨工具的事例前文已多有敘述。這些交通工具有條件的可自備，而民間傭借船隻非常普遍。如《太平廣記》卷一二一《崔尉子》記，唐天寶年間，崔姓縣尉欲去吉州赴任，「乃謀賃舟而去。卜人曰：今有吉州人姓孫，雲空舟欲返，傭價極廉」。同書卷一六〇《秀師言記》載，南昌令李仁均，「捐俸賃扁舟」，將在南昌服刑的僧人棺柩送抵上元（建業城）。

住宿是人們遠途出行重要的方面。因第三章已有相關的敘述，此處簡略提及。有的借宿路旁人家，《太平廣記》卷四七九《蜂餘》：「廬陵有人應舉，行遇夜，詣一村舍求宿。有老翁出見客曰：『吾舍窄人多，容一榻可矣。』因止其家。」有的進住旅店，《太平廣記》卷八十五《華陰店嫗》記：天復年間，廬陵新淦人，童子科及第後赴長安候選，途經華陰，宿於逆旅。同書卷一六八《熊執易》記：江西士人熊執易赴舉，「行次潼關。秋霖月余，滯於逆旅」。有的借宿寺廟道觀，《太平廣記》卷一二四《袁州錄事》記：袁州錄事王某罷歸至新喻時，「晚止僧院」。當然也有不少人不得不露宿野外。公務人員及其相關人員，除上述

方式外，主要是入住館驛。如戴叔倫《除夜宿石頭驛》詩云：
「旅館誰相問，寒燈獨可親。一年將盡夜，萬里未歸人。」就是
戴氏在唐德宗建中年間宿於洪州石頭驛的明證。

　　儘管隋唐五代道路交通、行旅條件與前代相比有了較大改
善，但外出遠行仍極其艱難，「不遠遊」是民眾生活的目的與基
本選擇。當時凡出遠門，民間習俗必家人聚會，設酒宴以餞別，
尊長則告誡旅行途中應注意的種種事項，還要選擇佳期吉日，祭
告祖先神靈，祝禱出門後一路平安。民間流行的習俗認為五月是
凶月，不出行。此外，人們出境遠行，若渡越關津，須隨身攜帶
公牒，證明自己的身份、地位及出行的理由，否則極有可能當做
逃犯、流亡被官府逮捕。以上這些遠行須注意的事項，江西人自
不例外。

二　歲時節令

　　歲時節令作為民眾生活的重要內容，反映著人們衣食住行、
人際交往、人生禮儀、閒暇娛樂、民間信仰等多方面的情形。隋
唐五代的時令節日眾多，以唐代節日名目而論，有除夕、元旦、
人日、元宵、端午、中秋、重陽、冬至、寒食與清明等傳統諸
節，有中和節、慶祝皇帝生日的「千秋節」等新添的節日，還有
佛祖誕節和老子誕節、盂蘭盆節、浴佛節等宗教節日。每屆節
日，均有種種適合時令的歡娛活動。江西的歲時節令當與全國其
他地方相同，儘管具體節日中的熱烈程度有一定的差異。反映這
一時期江西地區歲時節令的資料極其有限，即便如此，通過一些
零星的記述，我們仍可略見當時本區時歲節令的豐富內容。

　　元旦，每年的正月初一，作為一歲之始，吉利與否事關一年的吉凶成敗，故非常隆重。新歲之始，萬物復生，人們認為此時是「人道之根本返始之始」，對於祖先祭祀十分隆重，或行家祭，或行墓祭。同時，貼門符（掛桃符）、燃放爆竹等驅邪逐惡。中晚唐南昌詩人來鵠作《早春》詩云：「新曆才將半紙開，小庭猶聚爆竿灰。偏憎楊柳難鈐轄，又惹東風意緒來。」飲宴是慶元旦的重要內容，其中有飲屠蘇酒、食五辛盤、咬牙餳等前代風俗一直為隋唐五代人所繼承。

　　正月十五是上元節（元宵節）。元宵節節俗活動以觀燈為最。《隋書・音樂志下》隋煬帝大業二年（606 年）條下載：「每年正月，萬國來朝，留至十五日，於端門外，建國門內，綿亙八裡，列為戲場。百官起柵夾路，從昏達旦，以縱觀之。至晦而罷。」同卷下文又云，此種為慶賀節日的「百戲」，規模驚人，所謂「金石匏革之聲，聞數十里外」，各類演奏樂工達一萬八千人，「大列炬火，光燭天地，百戲之盛，振古無比，自是每年以為常焉」。這是有關元宵節或以「百戲」歌舞，或以「炬火」等大加慶賀的較早記載，所說為京師一帶，但在各地似同樣存在。唐代包括江西在內的長江流域有上元日張燈以賀的習俗。元和南昌進士熊孺登《正月十五日》詩云：「漢家遺事今宵見，楚郭明燈幾處張。深夜行歌聲絕後，紫姑神下月蒼蒼。」元宵除賞燈觀燈外，民間的習俗還有祭門神、祀蠶神和迎紫姑的活動。祭門神通常以油脂、豆粥、糕餅、酒食祭祀，在門戶上插楊柳枝。祀蠶神祈盼蠶桑豐收，家業興盛。迎紫姑則可以保佑闔家大小平安。江西地區還有月夜卜前程的風俗。《太平廣記》卷一五九《支戩》

載，唐末余幹人支戩，「世為小吏，至戩，獨好學為文。竊自稱秀才。會正月望夜，時俗取飯箕，衣之衣服，插箸為嘴，使畫盤粉以卜。戩見家人為之，即戲祝曰：『請卜支秀才他日至何官？』乃畫粉宛成司空字」。

上元節之後是中和節。中和節的日期隋及唐初在正月晦日，唐德宗貞元五年（789 年），因以晦日為節日名稱不祥，改在二月一日為節日，但傳統仍把正月晦日作為節日對待。唐人自正月半後迄於月終，悠閒無事，家家戶戶有歡聚飲食的風俗。《藝文類聚·歲時部》記載：「正月十五日後即繼以晦日。《荊楚歲時記》曰：『元日至月晦，並為酺聚飲食。每月皆有朔、晦。正月初年，時俗重以為節。』」除了飲宴、遊玩之外，官府、民間有進農書、獻新穀、上春衣等重農意味的活動，士庶人等還有以刀尺等物相互贈送的習俗。村社裡閭釀酒作中和酒，稱為「宜春酒」，祭農神勾芒。此外，在正月晦日，民間還有「送窮」的習俗。可見，中和節的節日內容十分豐富。不過，中和節為慶新年活動的最後一次高潮，正月晦日是最後的一天，一月的歡樂遊玩到此結束，又使人徒增惆悵。長期在江西做官的南唐李建勳作《正月晦日》一詩表達了這種心情，詩云：「莫倦尋春去，都無百日遊。更堪正月過，已是一分休。泉暖聲才出，雲寒勢未收。晚來重作雪，翻為杏花愁。」

寒食與清明，是農曆三月的兩個節日，時間相近，活動相似，主要為故去的先人掃墓、祭奠先人。寒食節，因人們在節日期間不動煙火、吃冷食而得名。至遲在魏晉時期，長江流域的荊楚地區已盛行寒食節。至唐，寒食節為全民的節日，似比清明重

要。《唐會要》卷二十三《寒食拜掃》說：「寒食上墓，禮經無文，近世相傳，浸以成俗。士庶有不廟享，何以用展孝思，宜許上墓。……仍編入禮典，永為常式。」表明寒食上墓是來自民間的習俗，官方出於統治的需要將它納入禮教的範圍，成為法定習俗。時人王泠然有詩《寒食篇》很能說明寒食節在唐代所有節日中的突出地位：「天運四時成一年，八節相迎盡可憐。秋貴重陽冬貴臘，不如寒食在春前。」江西地區注重寒食節，這從本區眾多詩人關注「寒食」可以得到證明。如熊孺登《寒食野望》：「拜掃無過骨肉親，一年唯此兩三辰，塚頭莫種有花樹，春色不關泉下人。」來鵠《寒食山館書情》：「獨把一杯山館中，每經時節恨飄蓬。侵階草色連朝雨，滿地梨花昨夜風。蜀魄啼來春寂寞，楚魂吟後月朦朧。分明記得還家夢，徐孺宅前湖水東。」寒食清明時節，唐代民間還有戴柳、互贈用彩色雕畫的雞卵的習俗。在此節日中，人們為了防止寒食傷身，還穿插種種體育活動，如鬥雞、走馬、蹴鞠、擊球、盪秋千等活動，歡慶節日的內容更加豐富多彩。寒食、清明是踏青的好時節，時人已將祭祀與遊春相結合，這在江西地區也極為盛行。曹松《鐘陵寒食日郊外閒遊》詩云：「可憐時節足風情，杏子粥香如冷餳。無奈春風輸舊火，遍教人喚作山櫻。」又《鐘陵寒食日與同年裴顏李先輩、鄭校書郊外閒遊》詩云：「寒節鐘陵香騎隨，同年相命楚江湄。雲間影過秋千女，地上聲喧蹴鞠兒。何處寄煙歸草色，誰家送火在花枝。銀瓶冷酒皆傾盡，半臥垂楊自不知。」此外，來鵠《清明日與友人游玉粒塘莊》詩云：「幾宿春山逐陸郎，清明時節好風光。……醉踏殘花屐齒香。風急嶺雲飄迥野，雨余田水落方塘。

不堪吟罷東回首，滿耳蛙聲正夕陽。」來鵠為晚唐江西著名詩人，其詩儘管不明是否寫江西地區，但從其遊歷所及和詩中所提到的「嶺雲」、「方塘」等判斷，應在與江西有關的江南地區。

五月五日是端午節。端午是長江流域荊楚地區除春節外最隆重的節日之一。關於端午的由來，大體是荊楚民眾將以祈雨拜龍為主要內容的夏至節和南方水居民族傳承已久的龍舟競渡風俗，以及先秦楚人用角黍類熟食投獬豸神獸的習俗，納入五月五日弔祭屈原的節日活動內容，並賦予競渡活動以拯救屈原和為屈原招魂新的含義[9]。從端午節的起源看，大抵與南方民眾避瘟免災有關。古人有五月向有「惡月」之稱，認為此時毒氣漫生，為害於人，必須採取措施以禦避之。其主要辦法，包括個人與家庭的採集草藥、懸艾於門、煮食角黍（粽子）、以五色絲線繫臂等，集體性的重要活動就是賽龍舟等。端午節起於先秦，但隋唐時期才逐漸成為全國性節日。受荊楚文化影響，江西人民也極為重視此節日，其節俗與荊楚地區無多大差別。

八月十五日是中秋。此日在一年四季的節氣中，秋高氣爽，此夜月光如洗、月色最明。中秋節成為全國性節日始於唐代，不過仍為民間節日，沒有官節那麼隆重、認真。唐代中秋節尚無特殊的節日食品，吃月餅是宋元以後才逐漸出現的。中秋玩月習俗至遲在南北朝時業已存在，唐人嗜好中秋賞月。唐人將中秋賞月與嫦娥奔月以及月中有桂樹等傳說結合，由是增添了賞月的某些

9　劉禮堂：《問徑集》，湖北人民出版社二〇〇五年版，第298頁。

浪漫氣息。特別是中秋朗朗圓月，象徵家人的團圓，清冷的月輝，灑向世間的各個角落，思想豐富的唐人遂將明月與團圓奇異地連繫在一起，賦予了賞月一縷淡淡的鄉愁。如唐元和十三年（818年）中秋，白居易在江州作《八月十五日夜湓亭望月》詩：「昔年八月十五夜，曲江池畔杏園邊。今年八月十五夜，湓浦沙頭水館前。西北望鄉何處是？東南見月幾回圓！臨風一歎無人會，今夜清光似往年。」又如元和年間南昌進士熊孺登《八月十五夜臥疾》詩曰：「一年只有今宵月，盡上江樓獨病眠。寂寞竹窗閑不閉，夜深斜影到床前。」會昌五年（845年）宜春進士易重《中秋》詩云：「去歲今宵醉似泥，今宵對月獨眠遲。人間共挹金波爽，天上誰將玉笛吹。黃道星辰環北極，青冥風露洗南陲。銀橋試問乘鸞女，仙桂誰攀第一枝。」從這些詩句中可以充分認識到八月十五中秋，為望月（賞月）、相思、企盼之時，江西民眾與全國其他地區的人「千里共嬋娟」。

九月九日是重陽節。重陽早在戰國時代已有其名，到漢代已成為固定節日，唐代正式定為官節。當時流行有佩茱萸、飲菊花酒、食糕、登高之俗。孫思邈《千金要方・月令》：「重陽之日，必以看酒登高遠眺，為時宴之遊賞以暢秋志，酒必採茱萸、甘菊以泛之，既醉而歸。」江西人也好重陽賞菊，袁州詩人鄭谷《菊》詩云：「子孫莫把比蓬蒿，九日枝枝近鬢毛。露濕秋香滿池岸，由來不羨瓦松高。」以菊寄託情懷，由賞菊進而詠菊，這是賞菊之風的深化。折插茱萸也是江西人重陽節的內容。撫州城南三裡高坡，有東晉臨川內史王羲之故宅，「每重陽日，郡守從事多游

於斯，因立亭曰茱萸亭」**10**。重陽登高為六朝以來的名士風流，至隋唐時期亦素為江西人所好。《江南野史》卷六《尹琳》載，唐開元中，廬陵永新的尹氏女善歌，「因重陽與群女戲登南山文峰，而同輩命之歌」。唐大歷年間，李嘉祐在袁州作《九日送人》：「晴景應重陽，高臺愴遠鄉……受節人逾老，驚寒菊半黃。」由於本區重陽登高活動的盛行，在今南昌贛水岸邊，有登高名勝龍沙山。《水經注》卷三十九《贛水》曰：「贛水又北徑龍沙西，沙甚潔白，高峻而阤有龍形，連亙五里中，舊俗九月九日升高處也。」唐代，龍沙已是久負盛名的重陽登高勝地。中宗李顯《九月九日幸臨渭亭登高得秋字》詩云「何藉龍沙上，方得恣淹流」，意指渭亭登高之感和龍沙相去不遠，足見龍沙在唐初已享譽全國了。開元年間，著名的田園派詩人孟浩然遍遊名山大川，因慕龍沙之名，一年重陽之際，特地坐船至龍沙登高賞景，有感而作《九日於龍沙作寄劉》謂：「龍沙豫章北，九日掛帆過。風俗因時見，湖山發興多。客中誰送酒，棹裡自成歌；歌竟乘流去，滔滔任西波。」唐中期時，權德輿於重陽日也陪客人遊興龍沙，作《奉陪李大夫九日龍沙宴會》詩云：「龍沙重九會，千騎駐旌旗。水木秋光淨，絲桐雅奏遲。煙蕪斂暝色，霜菊發寒姿。今日從公醉，全勝落帽時。」達官貴人重陽日在龍沙山舉行盛大宴會，其盛況怕較前代是有過之而無不及。而久負盛名的滕王閣，更是登高的勝處。王勃寫《滕王閣序》就是在九月九日路

10　《太平寰宇記》卷一一〇〇「撫州」條引。

過洪州時，應都督閻伯嶼的邀命而作。其「落霞與孤鶩齊飛，秋水共長天一色」和「滕王高閣臨江渚，佩玉鳴鸞罷歌舞」的詩句便是寫此情此景的。唐代江西重陽沿前代習俗，但又富有時代特色，內容更加豐富充實，文化氣息較為濃厚。

除夕是農曆一年的最後一天，是世俗相傳久遠的民間節日，也是隋唐五代極為重視的節日。除夕是家人團聚之日。南昌進士來鵠《鄂渚除夜書懷》云：「鸚鵡洲頭夜泊船，此時形影共淒然。難歸故國干戈後，欲告何人雨雪天。箸撥冷灰書悶字，枕陪寒席帶愁眠。自嗟落魄無成事，明日春風又一年。」又《除夜》曰：「事關休戚已成空，萬里相思一夜中。愁到曉雞聲絕後，又將憔悴見春風。」來鵠因不能回江西故土與家人團聚，感到極度的悲傷，這反映出時人把除夕回家團聚作為重要的活動。除夕的民俗活動極其豐富，其中除夕逐除疫鬼的驅儺，是最熱鬧最具群眾性的活動。趙彥衛《雲麓漫鈔》卷九云：「歲將除，鄉人相率為儺，俚語謂之打野狐。」他依《論語》所言，認定先秦時，已有驅除疫鬼的習俗。人們在歲末掃除污穢，搞衛生迎新歲。漢代守歲時，以弓箭射殺疫鬼，清除災難，隋唐沿舊制。

「今歲今宵盡，明年明日催，寒隨一夜盡，春逐五更來。」[11]除夕象徵著一年即將結束，新歲就要來臨。因此歷來有歲暮家傢俱看饌，相聚守歲歡迎新年的習俗。隋唐時期，守歲習俗保持。這從時人的詩歌可以得到證明。如「故節當歌守，新年把燭迎。

11　《全唐詩》卷一四五王諲《除夜》。

冬氣戀蚑箭，春色候雞鳴。興盡聞壺覆，宵闌見斗橫。還將萬億壽，更謁九重城」[12]。孟浩然詩云：「守歲家家應未臥」，「續明催畫燭，守歲接長筵」。筆者雖未直接找到有關這一時期江西人守歲的資料，但守歲作為全國流行的風俗，江西人亦應如是。

除夕民間還有乞如願的活動。此俗起於南北朝，隋唐相沿。據《荊楚歲時記》及《雲仙雜記》所載：如願乃是湖神的女侍。廬陵有個商賈名叫歐明，生平敬神奉神，他每次路經鄱陽湖畔都要取物供祭。日久湖神為他的誠意所感動，便問歐明有何所求。歐明說：「但如所願。」湖神以為歐明求其女侍，便把如願賜給歐明。此後，歐明每有所需，如願都能即時辦到。歐明既富，不復愛如願。及至元日，如願未早起做事，歐明打了她一頓，她驀地在穢土中消失。歐明後悔莫及，便用杖敲打土地，呼喚如願回來，但如願再也不回來了。唐人在除夕或元旦雞鳴之時往糞堆積土間敲打呼喚，據說可使人致富。江西地區是乞如願風俗的起源地，此風當為盛行。

在農業社會中，有一系列跟農業生產密切相關的節日，其中最為重要的節日就是社日。「社」是古代祭土地神的地方，也是土地的象徵。社日是普及全國的一種祭神日子，是政府法定的節日。自漢至唐歷代都有社祭，通常以立春和立秋後的第五個戊日為春社和秋社，一年中分春秋兩季進行土地神祭。如唐玄宗開元十九年（731 年）下令，「天下州府春秋二時社及釋奠，停牲牢，

12　《全唐詩》卷六十二杜審言《除夜有懷》。

唯用酒醑，永為常式」[13]。祭春社是為了祈求土地神的佑助，使風調雨順，以保五穀豐登；祭秋社則是「賽白帝、報田租」，慶賀豐收，答謝社神。此即所謂春祈秋報。

社日是民間極其重要的節日。社祭之日，吹笙奏簫，通常是敲鑼打鼓，聚集一社之民焚香向土地神致祭。一村中的男女老少乘興而出，大家歡聚一處。社祭結束後，則群飲社酒，家家戶戶分領祭祀之後的胙肉，及至日落西斜才盡興而歸。大順元年（890 年）進士王駕作《社日》詩云：「鵝湖山下稻粱肥，豚柵雞棲半掩扉。桑柘影斜春社散，家家扶得醉人歸。」便是寫江西鉛山縣社日中村民群聚飲酒喝得酩酊大醉的歡樂情景。南唐時期，李建勳作詩《田家》，寫下了江西某地農民豐收之後舉行秋社的主要場景，詩曰：「不識城中路，熙熙樂有年。木槃擎社酒，瓦鼓送神錢。霜落牛歸屋，禾收雀滿田。遙陂過秋水，閑閣釣魚船。」由此可以看出，春秋祭社活動在江西農村實已變為民眾聚宴娛樂的節日，同時反映出即使在混亂動盪的唐末五代，本區農民依然過著相對平靜而富足的生活。

三　婚喪嫁娶

婚喪嫁娶是人們一生必須經歷的大事，遂為禮俗的重要方面。隋唐五代時期的婚喪嫁娶具有濃厚的禮制色彩，同時也因時因地而富於「俗」的特色。

13　《舊唐書》卷八《玄宗紀》。

（一）婚嫁與婦女地位

　　婚姻為「人道之大倫」，中國古代對於聘娶禮儀極其重視。隋唐五代的婚禮習俗，承襲古代傳統「六禮」，即納采、問名、納吉、納征、請期、親迎。《舊唐書》卷五十四《輿服志》云：「士庶親迎之儀，備諸六禮。」六禮具備，婚姻始告成立。若男女非禮苟合，則認為是淫奔，為社會所鄙視或痛斥。不過，完備而繁雜的六禮多在官僚士大夫之家實行。庶民百姓則六禮並不需齊備，僅擇其中主要的實行，儀式也相對簡單。這就是「禮有差等」。素以傳統為重的江西地區婚姻遵循「六禮」形式。《十國春秋·陳喬傳》載，陳喬家無餘財，先喪其妻，後主李煜為他牽線娶國戚。陳喬推辭說：「臣家素貧，不能具六禮。」後主於是「敕官帑貸之，俾就婚成禮焉」。

　　婚禮中最受到人們重視的是成親之日。從迎親開始到新娘入門，進洞房到見公婆，其過程中有諸多繁瑣的禮俗。唐人封演《封氏聞見錄》卷五《花燭》云：「近代婚嫁，有障車、下婿、卻扇及觀花燭之事，又有卜地、安帳、並拜堂之禮。上自皇室，下至士庶，莫不皆然。」江西的婚俗大致與此相當。如當時迎新婦中女方阻擋男方的迎新車前行，以示娘家留女的障車之俗，在江

・唐代婚禮圖（敦煌壁畫）

西地區也頗盛行。當新娘準備從娘家出發，女方念誦請人代作的「障車文」。「障車文」用福壽榮祿等吉慶文字連篇鋪陳，其中還穿插著索討喜酒財物的用語。《唐摭言》卷十《海敘不遇》記載：唐僖宗時，據有洪州的鍾傳，以女「適江夏杜洪之子」，「有人走乞障車文」，鍾傳幕僚湯篔「命小吏四人，各執紙筆，倚馬待制，既而四本俱成」。當男方對「障車文」有所表示之後，花車才得以緩緩而行。行車至中途，則又有女方組織的障車活動，眾人攔障不使通過，邀酒食、財物，以為戲樂。這種風俗後來演變成了勒索財物的陋俗。又如，當時婚禮流行作催促新娘儘快別娘家至新郎家完婚的「催妝詩」。南唐盧陵人胡元龜，在因事逃亡至金陵館吏曹郎徐某家中時，「為其子作《催妝詩》，立就」[14]。這從一側面說明，江西地區亦有作催妝詩的風氣。隋唐五代時期的婚禮一般在傍晚舉行。時人認為，婚禮若不在晚上舉行，則視為「釁禮」。而江西人也遵從不渝。洪州鍾傳嫁女江夏杜洪之子，舉行婚禮時，「時及昏暝」[15]。

　　隋唐五代的婚姻形式較為複雜，除了最重要的聘娶婚外，比較常見的還有官婚、招贅婚、表親婚、收繼婚、續親、搶婚、服役婚等多種形式，甚至還有為正處於婚嫁年齡的男女未婚即歿者舉行的冥婚。選擇配偶的方式大致有如下幾種：一是父母之命，媒妁之言；二是婚事前定；三是自己擇偶。這一時期，選擇配偶

14　《十國春秋》卷三十一《胡元龜傳》。
15　《唐摭言》卷十《海敘不遇》。

的標準與前後歷史時期差別不大，但也有自己的特色：一是破門第之風與講究門第並重，後者仍占主導地位；二是多求聘財，社會棄貧趨富；三是以才取人，郎才女貌是當時重要的標準，注重科舉功名構成了這一時期的重要特點；四是講究「三從四德」。江西地區的婚姻標準與此大致相當。以門第之風為例，儘管隋唐五代江西地區的門閥勢力並不強大，但受六朝以來門閥制度的影響，婚姻講究門第之風仍比較盛行。《新唐書・藝文志二》載有《洪州諸姓譜》九卷、《袁州諸姓譜》七卷，即表明洪州、袁州兩地極為重視門第。戴孚《廣異記》中的「李元平」條記，某江州刺史女兒及閨夫的愛情因緣：「（君）雖生於貧賤，而容止可悅，我以因緣之故，私與交通。君才百日，患霍亂沒故。我不敢哭，哀倍常情。素持《千手千眼菩薩咒》，所願後身各生貴家，重為婚姻。」[16]又《太平廣記》卷二七七《徐善》記：「江南偽中書舍人徐善，幼孤，家於豫章。楊吳之克豫章，善之妹為一軍校所虜。既定，軍校得善，請以禮聘之。善自以為舊族，不當與戎士為婚，固不許，乃強納幣焉，悉擲棄之。臨以白刃，亦不懼，然竟虜之而去。」五代時期門第之風已漸趨衰微，然而舊族依然看不起軍人、武士。舊族徐善為了捍衛門第，竟然到了「臨以白刃，亦不懼」的地步，可見在他的頭腦中，門第觀念是何等之深。

唐朝時，科舉功名不僅在擇偶標準方面對婚姻習俗產生影

16　戴孚：《廣異記》，中華書局一九九二年版，第 113 頁。

響，而且對婚後的家庭生活也有一定的影響。為了榮華富貴，妻子往往極力勸丈夫考取功名。江西地區在唐中期以來已成為科考之風濃厚的地區，在這一點上也有明顯的體現。《唐摭言》卷八《以賢妻激勸而得者》記載，彭伉與湛賁同為袁州宜春人，彭伉之妻為湛賁的姨娘。彭伉進士擢第後，妻子家族設宴慶賀，湛賁夫妻也是賓客。賀客都是官人名士，「伉居客之右，一座皆傾」，而湛賁此時仍是縣中小吏，所以被「命飯於後閣」，湛妻忿然指責丈夫說：「男子不能自勵，窘辱如此，復何為容！」湛賁在妻子的激勵下發憤讀書，後來一舉登第，眾人對他的態度立時判若天壤。

隋唐五代仍是以男性為中心的社會，男子在婚姻生活中占主動權，其中以「七出」為代表。據唐朝戶令規定，七出為「無子、淫逸、不事舅姑、口舌、盜竊、妒忌、惡疾」，如果妻子觸犯了其中任何一條，丈夫即有「出妻權」，強制解除雙方的婚姻關係。當然為了維護家庭與社會穩定，政府也有「三不出」的條款保護婦女，即一是女子家貧，無所歸；二是婦為夫家父母服喪三年期滿；三是男子先貧後富，有此三條之一即不得離異。但與「七出」相比，權利受到極大的限制。這種離婚對於女方來說，自然是不平等的。唐初時人記述隋代豫章郡與吳郡的風俗，稱這些地區「衣冠之人，多有數婦，暴上市廛，競分銖以給其夫。及舉孝廉，更要富者，前妻雖有積年之勤，子女盈室，猶見放逐，

以避後人」**17**。棄舊婦不能單純看做是某一地區的風俗，而是這一時期比較流行的一種風俗。但正史把它作為豫章風俗記載下來，或說明江西地區棄舊婦的現象比其他地區嚴重。

隋唐五代婚姻倫理強調婦女要「從一而終」，朝廷常常對貞女烈婦予以表彰。如唐玄宗時，就曾下詔各地為貞女孝婦建立祠堂進行祭祀。民間尊重貞節者，所謂「女子之行，唯貞與節」**18**仍是流行觀念，婦女守節的不少。如《十國春秋》卷二十九《吳媛傳》載，五代初，盧陵吳媛嫁段甲，生子未滿周歲，段甲就死了。父母「以媛少而豔，議嫁之」，吳媛揮刀將臉破相自誓不嫁。後南唐大臣韓熙載出使江西，「錄其事以表於朝」。另一方面，隋唐五代婦女的地位相對較高，受禮制束縛也較少，貞節觀念較淡薄，兩性關係相對自由、民主。「婦強夫弱，內剛外柔」的現象普遍而突出，妻多妒悍、「怕婦也是大好」是當時的社會風氣。作為婚姻制度內容之一，婚後夫妻關係並非一定要「從一而終」，離婚、改嫁之風在當時各地比較普遍。夫妻雙方情志不合而協議離婚得到法律的保護。《唐律·戶婚律》明文規定：「若夫妻不相安諧而和離者，不坐」；夫妻「義絕則離」。婦女在感覺婚姻不美滿時也可以自主提出離婚。《雲溪友議》卷一載，撫州人楊志堅，嗜學而家貧，妻子於是向他索取離婚書，楊寫了一首詩送給她，「平生志業在琴書，頭上如今有二絲。漁父尚知溪

17　《隋書》卷三十一《地理志下》。
18　《太平廣記》卷四九〇《謝小娥傳》。

663

x

穀暗，山妻不信出身遲。荊釵任意撩新鬢，鸞鏡從他別畫眉。今日便同行路客，相逢即是下山時。」妻子持詩到州，「請公牒，以求別適」。刺史顏真卿認為楊妻的行為污辱鄉閭，傷風敗俗，判「決二十，後任改嫁」。自此以後「江左數十年來，莫有敢棄其夫者」。如果記載屬實，則當時江南包括江西棄夫者並不是個別的現象，同時表明唐代雖然有所謂「和離」和「出夫」，但仍然不能改變男子在解除婚姻關係中的主要角色。婚姻實踐和政府的婚姻政策中，對婦女再嫁寬容，應該說是隋唐五代婚姻風俗中的一個比較突出的特點。當時婦女在再嫁方面不受社會輿論的譴責，擁有較多的自由和自主性。江西地區即有不少這方面的例子。《太平廣記》卷三五五《劉騭》記：洪州高安人劉騭，其妹馬頭，先嫁「北來軍士任某」，任卒，「再適軍士羅氏」。同書卷四九一《謝小娥傳》載，豫章人謝小娥之夫在江湖中為盜所殺，小娥為夫報仇後，她家鄉的豪族高門爭著求聘小娥。說明時人對女子再嫁並沒有什麼偏見，也不歧視。

在隋唐五代男權社會中，女性的人格、自尊受到壓抑。這在江西地區亦表現明顯。《太平廣記》卷三八八《馬思道》記：「洪州醫博士馬思道，病篤。忽自歎曰：『我平生不省為惡，何故乃為女子，今在條子坊朱氏婦所托生矣。』其子試尋之，其家婦果娠，乃作繈褓以候之。及思道卒而朱氏生，實女子也。」同書卷三五五《王誦妻》記：南安縣大盈村王誦妻林氏忽病，「有鬼憑之言：『我陳九娘也，以香花祠我，當有益於主人』許之。乃呼林為阿姐，為人言禍福多中。……二年間，獲利甚博。一旦，（陳九娘）忽悲泣謂林曰：『我累生為人女，年未笄而夭。聞於

地府，乃前生隱沒阿姐錢二十萬，故主者令我為神，以償此錢訖，即生為男子而獲壽。今酬已足，請置酒為別。』……遂不見」。這兩則對人生為女身極感悲哀故事，反映出當時婦女地位普遍低於男子。受封建禮教影響不深的江西地區的婦女地位尚如此，說明隋唐五代婦女地位儘管比宋以後要高，但與先秦秦漢六朝相較則沒有多大的改變。

（二）喪葬禮俗

死亡，是不以人的意志為轉移的客觀規律，是社會群體與個人生命歷程的終點站。在中國傳統社會裡，「人們總是試圖通過形式不一的葬式、葬儀去體現對人的永生虔誠而又執著的追求，去表達對死者的深切的悼念和哀思，去希求死者對生者的佑護和賜福」[19]。與婚姻制度一樣，喪葬的禮儀規定，是封建等級制度的非常重要的內容，也對喪葬風俗產生了重要的影響。中國古代的喪葬習俗是一個極為複雜的問題，早自先秦以來，喪葬即被納入「禮」的範疇，備受統治階級的重視，而且在以後的歷史時期內日益嚴格。如唐皇朝對喪葬之禮極其重視。唐《喪葬令》詳細規定了社會各階層應遵循的葬地、葬儀、喪車、墓葬形制、規模大小、明器數量甚至送葬的哭法等。不過，這種帶有強制性的「喪禮」或喪葬令的條文固然是十分嚴格、極為嚴密的，但事實上卻往往因時因地制宜，形成了各地特有的喪葬習俗。因此考察

19　鄧卓明等：《中國葬俗》，重慶出版社一九九二年版，第2頁。

·運祖塔　　　　　　　·仰山塔林

隋唐五代的江西喪葬並不能以政府條文作為標準，而應把它看成一種風俗。

隋唐五代喪葬形式多樣，有土葬、火葬、層磚造塔葬、風乾葬、飼鳥獸葬、裸葬、殺身葬等。受人文地理環境及時代的影響，江西地區基本實行土葬，除了一些佛教高僧大德、信徒居士實行火葬、塔葬外。

唐初以來，民間盛行重視埋葬時間的選擇、著重對墓地的選擇，五姓卜葬等的陰陽葬法，對儒家的傳統禮儀制度造成了相當大的衝擊。江西地區的風俗與此大體一致，特別重視對墓地的選擇。《太平廣記》卷一五六《舒元輿》載，江西九江人舒元輿從東都為親人遷葬，李德裕告訴他說，有僧人相中了一塊墓地，「葬之必至極位」，向他推薦了這塊地。元輿「辭以家貧，不辦別覓」。後來，僧人告訴李德裕，先前相中的墓地已經有主，經詢問，使用這塊地的人正是舒元輿。而他本人後來也確實「自刑部侍郎平章事」。又同書卷三九〇《盧陵彭氏》載：盧陵人彭氏，葬其父。有術士為卜地曰：「葬此，當世為藩牧郡守。」彭

從之。

　　隋唐五代時期，長江流域民間的墓葬形式各地大同小異。墓地的選擇一般在當時的城市或居民聚落周圍的山岡和坡地上，墓葬平面大多作長方形或窄凸字形。根據考古發現，江西地區所出墓葬形制有磚砌和土坑兩種，但大都用磚砌，且磚上一般模印花紋。分三型：A 型：前後兩室，墓壁內邊平面呈窄雙凸字形，外邊為規整的長方形，一般在後壁設兩小龕，長四到五米，如清江樹槐隋墓，磚構，長五點三米。B 型：單室，平面呈窄凸形，多在後壁設兩小龕，長四到五米以上，如黎川唐墓，磚構，長約六米左右。C 型：單室，平面呈長方形，個別的後壁設兩小龕，長四米以下，如贛縣唐墓，磚構，長三米。受時代觀念的影響，江西墳墓事逝世者如在世，墓制充滿生活的意味，隨葬品大多為陶制的生活用品以及人際往來的憑證等。如一九七九年在九江市郊發現的唐墓有武士俑二件，男侍俑五件，女侍俑六件，跪拜俑一件，鎮墓俑一件，還有不少的家畜家禽俑。用具有三彩三足罐、三彩筒形杯、方井模型一件、陶盆二件，殘車輪一件。一九八一年寧都縣發掘的唐墓中發現：青瓷碗二件，鐵剪、鐵刀、鐵鐮斗各一件。二〇〇一年會昌縣發現一晚唐五代墓，出土陶皈依瓶二件，青瓷缽一件，白瓷器十件，鐵刀、鐵鐮斗各一件。九江縣黃門老鄉發現的一南唐墓，出土青瓷十八件，銅鏡一件，地券一方。隋唐五代厚葬之風濃厚，從江西出土的墓葬來看，雖受此風影響，但尚不至奢侈的境地。值得注意的是，江西的葬俗中也反映出時代文化。如二十世紀九十年代，在江西玉山一唐墓中考古發現，陪葬品中有一精美的黑漆古「半面鏡」，現實中夫妻永

隔，渴望在地下能「破鏡重圓」。

喪葬完畢後，人們還要進一步地服喪與守孝。隋唐五代，沿襲古代傳統喪禮的「五服」制，據服喪者與死者的親疏遠近而分別服斬衰、齊衰、大功、小功和緦麻等五種喪。除此之外，忌日即父母或祖先死亡的日子，人們亦須盡哀盡禮設奠祭拜先人，亦忌飲酒作樂。《禮記・祭義》云：「君子有終身之喪，忌日之謂也。」故逢忌日，則終身守之不怠。唐時，民間有忌日吊慰的習俗。《劉賓客嘉話錄》載，崔造在洪州之日，州帥將辟用他為副佐。及至其父忌日，洪州諸僚屬都到江亭，來給崔吊慰。

隋唐時期，士大夫階層重視設廟、堂家祭，士庶無財力者則野祭。焚燒紙錢、寒食拜掃等喪葬習俗都是在唐以來興起或盛行的風俗，它們對後代的喪葬風俗形成了重要而深遠的影響。《封氏聞見錄》卷六《紙錢》稱，紙錢出現於魏晉，至唐代大行於世，「自王公逮於匹庶，通行之矣」。當時人們送葬使用紙錢的數量很大，「今代送葬為鑿紙錢，積錢為山，盛加雕飾，舁以引柩」。其風俗的意義稱：「凡鬼神之物，取其象似，亦猶塗車芻靈之類，古埋帛，今紙錢則皆燒之，所以示不知神之所為也。」寒食、清明掃墓前文已有敘述。

唐代的葬俗中，還盛行為死者立碑、撰寫碑誌。李肇《唐國史補》卷中記載八世紀初年的風俗稱：「長安中，爭為碑誌，若市賈然。」撰寫碑誌，報酬豐厚，文人樂於撰寫諛墓文。《封氏聞見錄》卷六《碑碣》稱：「近代碑碣稍眾，有力之家，多輦金帛以祈作者之諛，雖人子罔極之心，順情虛飾，遂成風俗。」江西地區亦然，元和十一年（816 年）撫州上弘和尚去世之後，僧

徒道深等二十餘人，「與黑白眾千餘人，俱持故景去大德弘公行狀一通，贄錢十萬，來詣潯陽府，請司馬白居易作先師碑」[20]。

佛教的影響，也是這一時期喪葬風俗的重要內容，主要以為死者舉行的超度亡魂的法事「七七齋」為代表。七七齋在民間廣泛普及，由於史料的限制，江西儘管難見相關實例，但本區佛教興盛，想必也盛行此風。

四　醫藥保健

江西地處長江中游地區，一年四季分明，氣候變化大，特別是夏季暑熱，極易犯病，先秦以來即是有名的「疫區」。隨著隋唐以來經濟開發的逐漸深入、外來人口的增多，也增加了一些疾疫的流行。如《舊唐書‧白居易傳》載，白居易元和年間為江州司馬時，自稱「四五年間，幾淪蠻瘴」。因此，醫藥保健成了這一時期江西民眾不得不關注的現實問題。江西因受時代與地理人文環境的影響，醫藥保健頗富地區特色。

隋唐五代是江西醫藥的重要發展時期。突出表現之一就是政府的醫藥體系逐漸建立。唐朝的醫藥系統相對完善，有一套防疫治病的體系。其重要措施之一就是在地方專設醫學博士掌管醫療衛生事宜。唐玄宗曾詔令天下各州設醫學博士云：「今路遠僻州，醫術全少，下人疾苦，將何恃賴？宜令天下諸州各置職事醫學博士一員，階品同於錄事，每州寫《本草》及《百一集驗

第六章‧民俗新潮與民風流變

20　《白居易集》卷四十一《唐撫州景雲寺故律大德上弘和尚石塔碑銘》。

方》，與經史同貯。」[21]正史雖沒有記載江西地區是否按朝廷規定設醫學博士，但《太平廣記》卷三八八《馬思道》言稱「洪州醫博士馬思道」。既然有醫學博士，相關的醫藥系統也應建立。突出表現之二是，本區名醫增多，專門的醫學著作也不斷出現，樟樹已現「藥都」雛形。

隋唐五代江西地區名醫甚多，他們活躍於官府、民間，救死扶傷。萬振，字長生，南昌人，精通道術、善治奇疾。隋文帝楊堅嘗賜號大師，詔於南昌西山洪崖立觀以居之。唐高祖李淵召見於曜日殿，高宗龍朔初年卒。蕭靈護，字天祐，盧陵人。自小好道術，樂助善施。游湖南嶽麓時得遇鄧真人，授以火鼎黃白之術，遂精醫術。唐高宗弘道

·得醫圖（盛唐·敦煌壁畫）

年間卒。開元十六年（728 年）洪州大疫時，張氳施藥市中，病者立愈。郭常，鄱陽人，是一位民間醫生，有波斯商人在波陽經商時染重病，「曆請他醫，莫能治」。郭常前去診治，「先以針火雜治導其血關，然後輔以奇藥」，經月餘商人病癒，並要以五十萬錢酬謝，郭分文不取，人問其故。郭常說：經商的人大都惜

21　《全唐文》卷二十九《令諸州置醫學博士詔》。

錢，今若收其錢，他必然鬱悶於心，舊病必然復發致死。由此說明郭常不但醫術高超，而且醫德高尚。佛教人士中也有不少精通醫藥學的，是江西醫家的重要組成人員。據《補續高僧傳》卷一十九《印肅傳》載，五代時宜春僧印肅能「鼎新梵宇」的原因之一，是因為他給「有病患者，折草為藥，服之即愈；有疫毒，人跡不相往來者，與之頌，咸得十全」。

　　江西一些醫家雖然沒有治病療傷的具體事蹟，卻著有醫學著作。例如，彭蟾著有《鳳池本草》、《廟堂龜鏡》共一二〇卷，惜唐僖宗廣明年間動亂中散佚。喻義著有《療癧疽要訣》、《療腫記》各一卷。甘宗伯，感於中國古代醫家眾多，卻生平事蹟欠詳，撰《名醫傳》七卷，集起自上古時代以迄唐代之名醫共一二〇人，予以立傳介紹。是為我國最早之醫學人物傳記專著，有一定影響，原書已佚，其部分內容曾由宋代周守忠《歷代名醫蒙求》一書所引錄。

　　江西地區有不少來自外地的名醫，他們為江西醫藥作出了重大貢獻。如崔隱士，也是活動在江西地區的有名醫家，據光緒《江西通志》載，唐皇得怪病，所有醫生都無法醫治。忽見一道人前來賣藥，一粒藥丸治癒了怪病，既不受賞，也不逗留，一忽不辭而別了。據稱這位道士就是崔隱士。又正值南昌城內發生瘟疫的時候，他從分甯（今修水）遊歷至南昌，將隨身所帶丹藥拋入井中，凡飲井水者，疾病很快消失。崔氏著有《入藥鏡》一篇。白岑也是活動於江西地區的有名醫家，據《封氏聞見錄》「祛吝」條與《唐國史補》卷上記載：白岑得異人傳授，善療發背，著名一時，曾在九江行醫。

在外來進入江西地區的醫家中，最著名的當數藺道人。藺道人（約790-850年），原籍長安。藺道人是一位很有學識的道士，精於骨傷理論和醫療技術。他一面修道，一面為貧病者、傷折患者診病治傷。9世紀中葉，唐室日趨衰竭，統治者為解決經濟困難，下令佛道僧尼還俗從事農桑生產，藺道人因此懷著悲觀厭世的思想，離開長安，到了江西宜春縣鐘村，隱名埋術，過著隱居的生活。因偶以其高明的整骨技術治癒鄰人的骨傷，而聞名遐邇，求者日眾。藺氏不僅注意醫療實踐，還特別注意醫學總結，約八四一至八四六年間著《理傷續斷方》一書，將自己的醫療技術毫無保留地傳授給鄰人，人們感激藺道人傳書，將書名改為《仙授理傷續斷秘方》。藺氏的醫學思想源於《內經》和《難經》，以氣血學說為立論依據，繼承了葛洪、《千金要方》和《外台秘要》等骨科方面的學術成就而有所創新。藺道人把骨、關節損傷分為骨折和脫位，並首次宣導和規定了骨折脫臼等損傷的治療常規，介紹了正骨手法的十四個步驟、方法和方藥，並論述了處理損傷、關節脫臼以及傷科常用的止血、手術復位、牽引、擴創填塞、縫合等具體操作技術。藺氏對複雜骨折的外科手術、手法整復原則和治療技術亦有創造性成就，明確提出處理複雜骨折的三個原則。藺道人首創肩關節脫臼的診斷和復位技術，完全符合生理解剖學要求，其基本原理仍然是現代臨床的指導思想。藺氏對傷科疾患的處理既重於手法整復，又重視內服等方面的方藥，《理傷續斷方》書中載四十餘方，有洗、貼、摻、揩，以及內服諸方，奠定了骨科辨證、立法、處方和用藥的基礎。《理傷續斷方》是我國現存最早的傷科專著，藺道人是中國古代一位傑

出的整骨學家，骨傷科學的奠基人之一。

重視修身養性是醫藥保健的重要方面。施肩吾所著《鐘呂傳道集》、《群仙會真記》、《華陽真人妙訣》等著作中，包含了大量道家養生治病的理論。如《鐘呂傳道集》把當時各種養生的派別及方法都一一作了評價，認為那只是「人仙」的方法。施氏主張修「真仙」，得「大道」，用道教的理論統帥養生，否則「遠於道者，養命不知法。所以不知法者，下功不識時，所以不知時者，不達天地之機也」。形與神的理論闡述，是唐代養生文化的重要命題。對於形神關係，施氏主張二者統一，即所謂「神者形之主，形者神之舍」。精神穩定於形體之內，形神協和，可達到預期的養生效果。施氏非常強調養形，注意陰陽平衡。他在《鐘呂傳道集·論煉形》中強調養形關鍵在於氣化，「因形留氣，以氣養形。小則安樂延年，大則留形住世。既老者，返老還童，未老者，定須長壽」。主旨為性命雙修，形神兼併，方可達到健身長壽之功效。此外，施氏還主張服食丹藥。由此可見施氏養生術的道教色彩更為濃厚。江西民眾也注意自我保健養生。「欲將何藥防春瘴？只有元家金石淩。」[22]白居易元和十二年在江州所做的詩即是寫實。此外，五代時期長期在江西做官的李建勳，做《春日病中》詩稱：「才得歸閑去，還教病臥頻。……方為醫者勸，斷酒已經旬。」也是其重養生的寫照。

22　《全唐詩》卷四四○白居易《十二年冬江西溫暖喜元八寄金石淩到因題此詩》。

　　考察這一時期江西醫藥發展的原因，除了社會文明進步、經濟文化繁榮的影響和作用外，也與本區深厚道教的文化底蘊有重大關係。江西眾多的道教名山孕育了大量珍貴的中草藥，道教徒追求長生而重視養生，他們常常入山採藥和煉製丹藥，同時作為弘道手段，也積極以藥治人救人，極大地帶動了醫藥事業的發展。當然，由於本區醫生絕大多數是道教徒，醫藥活動往往帶有一定的神秘傳奇色彩。

　　隋唐五代沿前代風俗，無論官方還是民間，都是巫、醫並行。如《舊唐書‧職官志三》載，唐廷尚藥局，有禁咒師；大醫署有禁咒博士、禁咒師等，他們的職責是「除邪魅之厲者」。民間以包括江西在內的江南地區事巫為甚。陸龜蒙《奉酬襲美先輩吳中苦雨一百韻》詩云：「江南多事鬼，巫覡連甌粵。……良巫只備位，藥肆或虛設。」《宋史‧劉彝傳》載，江西地區「俗尚巫鬼，不事醫藥」。《朝野僉載》卷三亦記，「江淮南好鬼，多邪俗，病即祀之，無醫人」。若說江西地區「不事醫藥」、「無醫人」，從上述可知無疑過於絕對，但大多數民眾受巫鬼之風的影響，對付疾病的辦法不是用醫藥施治，而是用修福或祀禱來禳除則是事實。就史料所記，江西的醫家不少，不過，就醫生的成就而言，有全國影響的不多。江西還陶醉在信鬼尚巫和崇道迷符的濃霧之中，真正產生於本區的醫療科學和醫藥名家少有出世。

第二節 ▶ 娛樂風行

　　隋唐五代是經濟文化大發展的時代，也是抒張人性而重視娛樂的時代。無論是貴族官僚還是庶民百姓，都積極追求人生的快樂。江西與全國大多數地區一樣，民間娛樂活動豐富多彩。這些活動包含濃厚的文化氣息，反映出時代與地域特色。

一 「尚歌舞」

　　隋唐五代特別是唐，受政治經濟文化發展和中外文化藝術交流的影響和作用，歌舞文化非常繁榮。例如，唐廷設有大樂署、鼓吹署、教坊、梨園四個部門，歸屬太常寺管理，歌舞文化機制相當完備。隋唐五代的歌舞已從主要娛神的功能更多地轉向了人的自我娛樂，普及化的程度也大大增強。此時江西地區的歌舞藝術也在前代的基礎上得到較大的發展，成為聞名全國的歌舞之地。《隋書・地理志》盛稱江西人「尚歌舞」。

　　江西地區好歌之風悠久，可溯源至古越人時代。六朝時期的江西《潯陽樂》已成為當時民歌的一大品牌。唐時江西的民間音樂藝術依然興盛。大約活動於開元年間的柴桑人陶峴，精通音律，曾取不同年月日時製成的磚，擊打發聲以譜成樂曲。又撰《集樂》記錄八音，以審定音樂的得失成敗。《太平廣記》卷五十五《伊用昌》記載：江西人伊用昌妻「音律女工之事，皆曲盡其妙」，「多游江左廬陵宜春等諸郡」，「愛作《望江南》詞，夫妻唱和。或宿於古寺廢廟間，遇物即有所詠，其詞皆有旨」。如詠鼓詞云：「江南鼓，梭肚兩頭鸞。釘著不知侵骨髓，打來只是沒心肝，空腹被人漫。」伊用昌夫婦或稱得上是民間的音樂家。

現代有名的贛南興國山歌起源於唐代。山歌本為山區民眾在生產、生活中，為緩解壓力而即興歌唱的自娛自樂的歌曲。歌詞即情即景，臨時編撰，頗具生產生活氣息。《太平廣記》卷三九七《贛台》記：「虔州贛台，縣東南三百六十三里。《南康記》云：山上有台，方廣數丈，有自然霞，如屋形。風雨之後，景氣明淨，頗聞山上有鼓吹聲，即山都木客，為其舞唱。」又據《太平寰宇記》載，「上洛山木客系鬼類也。形似人，語亦似人，自言造阿房宮伐木者也。食木實，遂得不死，時就民間飲酒賦詩。」上洛山在興國永豐鄉境內，位於縣城西南四十里處。木客其實就是以伐木為業的勞動者，他們創作的歌就是「山歌」。最早見諸文字的山歌為《上洛山木客歌》，歌曰：「酒盡君莫沽，壺傾我當發。城市多囂塵，還山弄明月。」該歌亦見於《全唐詩》，可見流行的時間最晚在中唐。從留傳下來的這首唐代的興國山歌看，顯然是一首優美的詩歌，這與唐代的詩文化是密不可分的。袁州的山地歌謠也較為有名。大和年間曾為袁州長史的李德裕，曾作文賦表現當地風土人情。其中《積薪賦》云：「此郡岩壑重複……樵采之子未嘗輟音，往往沿流而下。」《柳柏賦》云：「獨此郡有柳柏……慨路遠而莫致，抑毫端而孔悲，顧謂稚子煜起為謠曰：『楚山側兮湘水源，美斯柏兮托幽根，條蔥翠兮冬轉茂，實垂珠兮秋始繁，彼變化兮不測焉，知非張緒兮之精魂。』」袁州古屬楚地，這則歌謠即是楚地歌謠。此外，江西一些地區還有踏歌的傳統。《宣和書譜》記載：「南方風俗，中秋月夜婦人相持踏歌婆娑月影中，最為盛集。」唐文宗太和進士文蕭客寓鐘陵（南昌）時，即親身體驗了這一「踏歌」風俗，女仙

吳彩鸞「在歌場中，作調弄語以戲蕭，蕭心悅之」。

正是在民間好歌之風的基礎上，江西歌曲走出江西，進入了文化中心長安。唐玄宗開元二年（714 年），朝廷置太常掌管俗樂，置左右教坊為管理宮廷音樂的官署，專管雅樂以外的音樂、舞蹈、百戲的教習、排練、演出等事務。永新許某，精於樂律，縣令李雙（高祖李淵之子蔡王李岡六世孫）召入縣署演奏，果然不凡，於是，許某入京都長安教坊為樂工。唐人段安節《樂府雜錄》載，許某有女名和子（又名子和），開元末選入宮，入梨園之宜春院。明皇自寵愛楊貴妃後，對樂府歌女「無顧盼意」。然而，有一次聽見許和子演唱本是隋煬帝時所制曲《水調歌》，竟然以新聲出之，大為驚詫：想不到此小女子不但善歌，且善作曲。問她還能變新聲入其他古調否，和子曰：「能。」又問里居，知道她是盧陵永新人氏，明皇鼓掌笑曰：「好一個『永新』！有了你這小女子，從此古調永新矣。」即賜和子名「永新」。因為和子「能變新聲」，時人給予了高度的評價：「韓娥、李延年歿後千餘載，曠無其人，至永新始繼其能。」有一次，唐玄宗與楊貴妃小酌，召和子獨唱，命演奏家李謨吹笛伴奏。唱至高亢處，歌聲如在雲端迴旋飄蕩，至曲終，笛管竟然破裂。其妙如此，當時無人可及。玄宗嘗謂左右曰：「此女歌值千金。」天寶十四載（755 年）六月初一，值楊貴妃三十八歲生日，唐玄宗在驪山上華清宮舉行盛大歌舞會以示慶賀，而後在勤政樓大宴群臣。當時，「觀者數千萬眾，喧嘩聚語，魚龍百戲之音莫聞。上怒，欲罷宴。中官高力士奏：『請命永新出樓一歌，喧必可止。上從之，永新乃撩鬢舉袂，直奏曼聲，至是廣場寂寂，若無一

‧唐代樂舞（敦煌壁畫）

人，喜者聞之氣勇，愁者聞之氣絕。』」安史之亂起，六宮星散。許和子離開長安，嫁一士人，夫妻避難廣陵，後來另一宮廷歌手韋青出京避難到廣陵，「憑欄河上，聞舟中奏《水調》曲者，青曰：『此殆永新音也。』乃登舟與對泣者久之」。後來士人去世，和子返京師，流落風塵。廣德元年（763 年）病重，臨死對鴇母說：「阿母，錢樹子倒矣！」唐人馮翊《桂苑雜談》稱：「國樂《永新婦》、《御史娘》、《柳青娘》皆一時之妙。」至今在永新，每遇歌聲清越動聽，旁人往往稱讚說：「好一個子和調。」這些都說明許和子的歌唱藝術魅力之所在。

洪州南昌是江西地區的文化藝術中心，動聽的歌曲隨時可聞，高水準的歌手不乏其人。元和十三年（818 年），白居易結束三年被貶江州司馬的生活，就任忠州刺史前夕，路過南昌，當

地官員就在滕王閣上設宴餞行。白居易為此賦《鐘陵餞送》詩曰：「翠幕紅筵高在雲，歌鐘一曲萬家聞；路人指點滕王閣，看送忠州白使君。」詩歌記述了餞行宴會的熱鬧場景，其中特別提到了歌手高水準的演唱。大和三年（829年），江西觀察使兼洪州刺史沈傳師帶了幕僚至滕王閣宴會，初聽十三歲的樂籍歌女張好好歌唱，杜牧《張好好詩》云：「吳娃起引贊，低徊映長裾。雙鬟可高下，才過青羅襦。盼盼乍垂袖，一聲雛鳳呼。繁弦迸關紐，塞管裂圓蘆。眾音不能逐，嫋嫋穿雲衢。主人再三歎，謂言天下殊。」聽完之後，沈傳師非常欣賞，稱讚為天下獨絕，於是送給她天馬錦、犀角梳，作為獎品。從此以後，張好好成為江西觀察使府僚們「特垂青眼」之人，他們無論是在南昌城北的龍沙或是城東的東湖遊玩時，總要邀張好好來歌唱。「滕王高閣臨江渚，佩玉鳴鸞罷歌舞」，唐代的滕王閣是歌舞的樂園。在滕王閣的歌舞表演中，主要是宮廷燕樂，以及當時流行的民歌民舞，如番樂胡舞、宮廷燕樂、春鶯轉、菩薩蠻、六麼、楊柳枝、柘枝

· 唐代柘枝舞（石刻）

舞、胡旋舞，等等。其中歌曲以伊州大曲最為流行、舞以柘枝舞最具特色。伊州大曲，出自四世紀的伊州（今哈密），是以伊州地方流行的小曲為基礎，在其前後加上引子和尾聲，以蔓延其聲調的大型樂曲。唐朝天寶年間由西涼節度使蓋嘉運獻於朝廷。由樂署改編教習後，便很快在全國流傳開來。得歌舞風氣先的滕王閣經常上演伊州大曲。時人李涉《重登滕王閣》詩云：「滕王閣上唱伊州，二十年前向此遊。半是半非君莫問，西山長在水長流。」柘枝舞是唐代西北少數民族舞蹈，本出怛邏斯，傳入京城長安，又流傳全國各地。柘枝舞舞姿節奏明快，旋轉迅速，剛健婀娜兼而有之，主要以鼓伴奏。舞柘枝者多為青年女子，頭戴繡花卷邊虛帽，帽上施以珍珠，綴以金鈴；身穿薄透紫羅衫，纖腰窄袖，身垂銀蔓花鈿，腳穿錦靴，踩著鼓聲的節奏翩翩起舞。婉轉綽約，輕盈飄逸，金鈴丁丁，錦靴沙沙，「來復來兮飛燕，去復去兮驚鴻」，當曲盡舞停時，舞者羅衫半袒，猶自秋波送盼，眉目注人。柘枝舞藝術境界高超，具有很強的觀賞性，引起了唐朝社會各階層的極大興趣和愛好。柘枝舞在江西地區盛為流行，滕王閣上常常表演。大和初年，杜牧任江西觀察使沈傳師的幕賓時，常登閣遊覽和參加宴集，對滕王閣上跳的柘枝舞印象尤為深刻，遂寫詩憶念。如《中丞業深韜略，志在功名，再奉長句一篇兼有諮勸》詩云：「滕王閣上柘枝鼓，徐孺亭西鐵軸船。」又如《懷鐘陵舊遊》詩云：「滕閣中春綺席開，柘枝蠻鼓殷晴雷。垂樓萬幕青雲合，破浪千帆陣馬來……」

除了歌者、舞者外，江西地區還活躍著不少樂器演奏名家。這從白居易元和年間貶居潯陽時多次聽到優美的琵琶演奏可略見

一二。白居易《琵琶行》「序」中稱，元和十一年（816年），在九江任司馬時，夜聞舟中彈琵琶者，「有京都聲」，經詢訪，知其人原為長安倡女。這位琵琶彈奏者的水準高超：「大弦嘈嘈如急雨，小弦切切如私語。嘈嘈切切錯雜彈，大珠小珠落玉盤。」後來，他又聽到一位名叫李士良的演奏琵琶。白居易《聽李士良琵琶》：「聲似胡兒彈舌語，愁如塞月恨邊雲。閒人暫聽猶眉斂，可使和蕃公主聞？」此外，他又在江南遇見一個「能彈琵琶和法曲，多在華清隨至尊」的梨園樂工[23]。值得注意的是，白居易在《琵琶行》中曾稱：「潯陽地僻無音樂，終歲不聞絲竹聲。住近溢江地低濕，黃蘆苦竹繞宅生。其間旦暮聞何物？杜鵑啼血猿哀鳴。春江花朝秋月夜，往往取酒還獨傾。豈無山歌與村笛？嘔啞嘲哳難為聽。」說潯陽無音樂，沒有「絲竹聲」而山歌與村笛又極其難聽，這只是一種悲哀心情的反映與藝術創作的需要，並不符合潯陽實情。因為就是白居易本人，在潯陽時作《夜送孟司馬》：「江暗管弦急，樓高燈火明。」《聽崔七妓人箏》：「花臉雲鬟坐玉樓，十三弦裡一時愁。憑君向道休彈去，白盡江州司馬頭。」又如袁州地區的音樂水準也不低。《唐才子傳》卷十記，唐末五代的宜春人王轂「以歌詩擅名，長於樂府。未第時嘗為《玉樹曲》……大播人口」。《玉樹曲》即《玉樹後庭花曲》，借陳後主事刺當世並直諫議，「聖唐禦宇三百祀，濮上桑間宜禁止。請停此曲歸正聲，願將雅樂調元氣」。又有《吹笙手》述吹

笙手的技藝及其感人境界：「水泉逆泄爭相續，一束宮商裂寒玉。旖旎香風繞指生，千聲妙盡神仙曲。曲終滿席悄無語，巫山冷碧愁雲雨。」這些詩句充分表明王氏熟知音樂，也有水準頗高的音樂人士活動於宜春境內。

江西音樂舞蹈的大發展，除了本區的人物造化、山水靈秀外，還在於以京師文化為代表的外來文化的濡染。由於宮廷活動和帝王的日常生活需要音樂舞蹈來營造氣氛或滿足耳目之娛，宮廷內外往往集聚人數眾多且水準一

・九江琵琶亭

流的音樂家和舞蹈家。唐代江西文化與中原文化緊密連繫，以長安為中心的中原歌舞也不斷進入江西。首先是任職於江西的不少官員來自京城長安，他們往往也把音樂、舞蹈帶入，如唐前期的滕王李元嬰，建起滕王閣享受歌舞之樂，積極引入北方的歌舞藝術，在一定程度上推動了江西歌舞表演藝術的發展和繁榮。其次是北方歌舞藝人流移入江西。安史亂起，長安遭到嚴重破壞，「禮寺隳頹，簨簾簾既移，警鼓莫辨。梨園子弟，半已奔亡；樂府歌章，咸皆喪墜」[24]。危難之時，一些著名的音樂家和舞蹈家

24　段安節：《樂府雜錄・原序》，上海古籍出版社點校本，第19頁。

不得不向南方遷移，作為北方人口遷入的重要地區，江西也有不少歌舞藝人流入。善於鼓琴的洪州人崔季真，即自北方而來。天寶時宮廷樂師曹善才以善於演奏琵琶而聞名一時，許多人從他學藝。安史之亂後，弟子紛紛南遷，李紳在江州時就曾遇到一位[25]。元和十一年，白居易在潯陽江頭船上也碰到了那位「嘗學琵琶於穆、曹二善才」、「名屬教坊第一部」的長安籍琵琶演奏家。在藩鎮割據和唐末戰爭時期，也有許多北方音樂家和舞蹈家遷居南方而進入江西。德興的移民家庭王氏有一名叫申甫的成員，因「能雅歌補郡博士弟子員」[26]，顯然是一位元懂得宮廷音樂的藝術家。北方音樂舞蹈在南方的流布，必然有利於保存傳統的中原音樂舞蹈的精華，通過南北交流也有利於提高南方的藝術水準。唐後期一部分南傳的音樂舞蹈已與南方藝術融合為一體，但還有一些藝術形式殘留著。南北方在藝術方面的差異，一般人不易察覺。但是，當北方人白居易在江州的船上聽見來自長安的商人之妻演奏時，立即聽出其音「錚錚然有京都聲」[27]。正是因為文化藝術的交流與發展，江西的音樂、舞蹈才得到大的發展，在唐代顯現著自己獨特的魅力。

---

25 《全唐詩》卷四八〇李紳《悲善才》。
26 朱熹：《晦庵集》卷九十二《王君墓碣銘》。
27 《全唐詩》卷四三五白居易《琵琶行》。

二　行酒令

酒令是中國特有的一種酒
文化，起源於儒家的「禮」，
為飲酒時助興娛樂的遊戲方
式，多用於節日聚會和飲宴。
唐代飲酒之風濃厚，酒文化也
相當發達，其中最突出的一個
現象就是行酒令。在酒席上行
酒令助興可說是唐人特色，也
是他們的一大樂趣。行酒令
前，一般是推一人做令官，令
官監察依令飲酒的次序，按當
時有稱縣令為「明府」的習

·「論語玉燭」酒令籌筒

慣，令官被命名為「明府」。明府之下設二錄事：「律錄事」，掌
宣令和行酒；「觥錄事」（或稱「酒糾」），司掌罰酒。此二錄事
善於酒令，知曉音律、飲酒量較大，又善於談吐能應酬場面。不
過，有時並沒有這般煩瑣，酒令的所有工作或由令官一人或令官
加一錄事承擔。酒令始於先秦，不過至唐代才制定為法。唐時酒
令名目繁多，最初有「平、索、看、精」四字和「律、令」等
令，後因繁難而廢止，代之以更簡單的令。《唐國史補》卷下將
酒令分為律令、頭盤、拋打三種類型，律令是按照一定的法度，
主要採用言語的方式，在同席之中依次巡酒行令。隋唐時筵席上
行各種名目的酒令，它可以調節賓主間飲酒的數量和節奏的快
慢，增加宴會上的歡樂氣氛。酒令中的文字往往採擷經史文句，

說古道今，見物寓意，詼諧而又有暗喻，出令和答令的對偶切韻均需具有一定的文學修養，只有學識廣博，才思敏捷又能即席對答如流，才能應對得體。唐代的行酒令以及由此形成的酒令藝術是一個內容豐富的文化寶庫。無論唐代文化的哪一件新事物，無論中古和近古時代的哪一種東方表演藝術，都承受了唐代酒令藝術的潤澤。可以說，唐代酒令藝術，代表了這一時代的最光輝創造[28]。唐代行酒令時多用酒籌以記飲酒數。酒籌用金、玉、竹、木等材料製成各種形狀，上刻著經書詩文，下面說明掣得此籌的人飲酒的方法。如自飲、勸飲以及該罰酒數量多少均有具體規定。一九八二年在鎮江丹徒丁卯村一座唐代銀器窯中，發現了「論語玉燭」酒籌筒和五十根酒令籌，酒令辭全部選自《論語》，相當清楚地說明了唐代酒令的文化意義。

唐五代江西地區飲酒之風素來興盛，酒令遊戲也比較盛行。白居易《東南行一百韻》：「《鞍馬》呼教住，《骰盤》喝遣輸。長驅《波卷白》，連擲采成盧。」生動地反映了江州一帶行酒令的情形。江西也出現了一些酒令高手。《太平廣記》卷二九〇《呂用之》記，唐後期，呂用之之父呂璜，「以貨茗為業，來往於淮浙間。時四方無事，廣陵為歌鐘之地，富商大賈，動逾百數。璜明敏，善酒律，多與群商遊。」又《唐摭言》卷十《海敘不遇》載：盧肇在筵席上請以眼前之事為令，規定尾句須有樂器

28　王昆吾：《唐代酒令藝術》，知識出版社一九九五年版，第 237、244頁。

之名。盧出令道:「遠望漁舟不闊,尺八。」時有姚崇之孫姚岩傑飲酒一杯,作憑欄嘔吐之狀,即席還令道:「憑欄一吐,已覺空喉。」「尺八」即簫管,因管長度為一尺八寸,故名。「空喉」即箜篌的諧音,為古代的撥絃樂器。姚岩傑的答令,以箜篌對尺八,很是工整,其即景出句,雖帶有點侮慢倨傲之氣,但亦見其急中生智、才情橫溢之態。而盧肇即景出令,也頗富才情。《蟹譜》下篇「令旨」記載,五代南唐人宋齊丘與北方使者飲宴,席間行酒令,規定互食兩種南北流行的食物,並互用南北俚語將所食之物表達出來。其中,北方使者形容南方食物稱:「先吃鱔魚,又吃螃蟹,一似拈蛇弄蠍。」宋齊丘應聲回答:「先吃乳酪,後吃喬團,一似哂膿灌血。」相互的對答中不無諷刺之意味,但卻是酒令中的機智。唐五代的江西文人感於時代風俗,也對當時的酒令活動有意識地記錄。如王定保《唐摭言》載:「趙公令狐綯鎮維揚,張祜常預狎宴,公因熟視祜,改令曰:『上水船,風太急,帆下人,須好立。』祜答曰:『上水船,船底破,好看客,莫依舵。』」

三　好體育

隋唐五代特別是唐代,政治、經濟、文化等良性發展,繁榮了體育事業。當時的體育運動專案內容豐富,流行的即有一二十種。既有集體運動項目如球類運動、競渡、拔河等,也不乏個人運動項目如按摩法、盪秋千等,但更多的項目是集體個人兩便,即使是球類運動,也可單人進行練習或表演。這些運動項目中,有室內運動,也有戶外運動,還有室內外兩便的運動如棋戲、角

抵、投壺等。各具特色的運動項目，足以適合社會上不同年齡、性別、體質和興趣愛好的人們的需要。江西的體育運動豐富多彩，一些項目與全國一樣，也有一些項目具有地方特色。惜乎相關史料十分貧乏，只能擇其要簡介如下：

　　中國的水上運動歷史悠久。《詩經・谷風》云：「就其深矣，方之舟之；就其淺矣，泳之遊之。」這說明至遲在春秋時期，古代人民就已熟諳水性，並作水上活動。民眾為了娛樂，把水上的活動藝術化、規範化，由普通的游泳活動發展成為水戲（或稱「水嬉」）。唐代，水戲場所已不限於天然河流湖泊，某些官宦之家出現了人工游泳池。水嬉的內容，則有游泳、潛水、高處跳水，也包括龍舟競渡。江西地區江河湖泊縱橫，民眾由於生計的需要或興趣，鍛煉出極強的適應水性的能力，與水有關的體育活動不少，水戲能人也很多。趙璘《因話錄》卷六「羽部」記載：洪州優胡曹贊，「長近八尺，知書而多慧。凡諸諧戲，曲盡其能。又善為水戲。百尺檣上，不解衣投身而下，正坐水面若在茵席。又於水上靴而浮。或令人囊盛之。系其囊口浮於江上，自解其繫。至於迴旋出沒，變易千狀。見者目駭神悚，莫能測之。」從中可以看出，唐時的水上運動已有「高臺跳水」，水中解囊，沒有高超的游泳技術是不行的。「回波出入，變易千狀」，表明在水中游泳的各種姿態，也反映了民間高超的游泳技術水準。記載中稱曹贊為「優胡」，則他很可能是從今中亞地區來到江西的水上雜技藝人。

　　龍舟競渡是隋唐五代時期頗為盛行的運動項目。據《隋書・

地理志》載，競渡的起源[29]，是因戰國末年楚國名臣屈原投汨羅江，楚人紛紛駕舟尋覓，後「習以相傳，為競渡之戲」，南方水鄉「諸郡皆然」。至唐代，競渡已轉化為體育競賽活動。《舊唐書‧杜亞傳》載：「江南風俗，春中有競渡之戲，方舟並進，以急趨疾進者為勝。」競渡多在農曆五月五日端午節舉行。人們挑選一片水域作賽場，起點用幾面紅旗作標誌，終點樹立一根長竿，上端纏掛彩色錦緞，稱作「錦標」或「彩標」。競渡船一般是用獨木製成的，「務為輕駛，前建龍頭，後豎龍尾，船之兩旁刻為龍鱗而彩繪之，謂之龍舟」[30]。參賽龍舟賽前停在起點待命。擂鼓三下，起點紅旗迅速向兩邊移開，競渡開始，「畫舸」猶如蛟龍出水，破浪前進。迅楫齊馳，管弦齊奏，鼓聲喧天，觀眾歡呼如雷。首先到達終點奪得錦標的龍舟獲勝。唐代詩人張建封，寫端午劃龍船的《競渡歌》，傳誦十分廣遠。詩中寫道：「鼓聲三下紅旗開，兩龍躍出浮水來。棹影斡波飛萬劍，鼓聲劈浪鳴千雷。鼓聲漸進標相近，兩龍望標目如瞬。」競渡場面有聲有色，高潮迭起，蔚為壯觀。龍舟競渡也是江西地區的傳統水上運動。本區的龍舟競渡起源很早，大約可追溯至先民古越族的水上活動。自唐朝起，江西龍舟競渡進入了興盛時期。唐人《角力記》記：「廣陵、鄱陽、荊楚之間，五日盛集，水戲則競渡。」

29　關於龍舟競渡的起源，說法眾多，這裡僅採用最傳統的一種。參見劉禮堂《問徑其》第298頁相關注釋，湖北人民出版社二〇〇五年版。
30　《資治通鑑》卷二四三「唐敬宗寶曆元年」條胡三省注。

晚唐武宗會昌年間，宜春人盧肇端午節在袁河岸邊觀賞龍舟競渡時吟詩一首：「沖波突出人齊嗷，躍浪爭先鳥退飛，向道是龍剛不信，果然奪得錦標歸。」這是盧肇中狀元後看龍舟比賽時的感懷詩句。此詩寓意且不考究，但說明當時龍舟競渡的場面確實熱烈、壯觀。南唐時期，競渡之風愈盛，不僅民間組織，官方也大力提倡，「許諸郡民競渡，每端午較其殿最，勝者加以銀碗，謂之打標」[31]；江西著名畫家董源的《龍宿驕民圖》中有對競渡的生動形象描繪，江西地區的龍舟競渡正繼續舉行。值得注意的是，唐代江西成了道教、佛教的重要活動中心，這樣，本來就很「神靈」的龍舟競渡也給抹上了一層宗教色彩：一是龍舟都要放置在廟裡，競渡前要按道教的方式舉行禮儀；二是出現了旱龍舟，光緒《江西通志》載：「金溪城……每當五月五日城內造龍舟，以人裝故事其上，一舟數百人舁之，行諸陸地，雲禳瘟氣也。」這個變化，既反映了封建社會科學文化落後，人們愚昧無知，祈求神靈保佑來求得心理上的安慰，又是龍舟運動內容上的一個新的發展。

　　隋唐五代時期角抵戲很是盛行。角抵戲的概念，除泛指包括角抵在內的雜技百戲外，亦指作為其中重要組成部分的「壯士裸袒相搏而角勝負」的角抵。角抵，稱角力或相撲，是中國古代的摔跤運動，也是隋唐五代人所喜愛的一項體育運動。正規的角抵，角抵壯士赤身裸體，僅下身系著一條寬大的腰帶和兜襠，頭

· 唐代女子蹴鞠圖

上戴襆頭。他們在雷鳴般的鼓聲中出場，相對站立，先做一些舉手抬腿之類的準備活動，然後開始交手，互相扭抱，「前沖後敵」「左攫右拿」，「相搏而角勝負」[32]。隋唐時期，角抵逐漸從角抵戲中分野，至五代，角抵成為獨立的體育運動。民間角抵通常在寒食節、中元節中進行比賽，但亦地不分南北，隨時可行，這已成為時俗。江西地區也頗為流行角抵。《角力記》：鄱陽地區，在五月五日這一天，民眾盛集，「相攢（方言：摔跤）為樂」。此時，觀者如堵，巷無居人，可見民眾喜好及比賽時的熱烈場面。五代時期，社會多亂，人重尚武，因此不僅繼承了隋唐的角抵遺風，而且有所發展。其時角抵的技術較唐為精，角力名手也

32　胡震亨：《唐音癸簽》；《續文獻通考・樂考》；《唐摭言》引周繊《角抵賦》。

・唐代女子秋千圖

比唐更多。江西地區的角抵之風也當更盛。馬令《南唐書》卷二十二《盧絳傳》載，南昌人盧絳「博弈角牴為務」。

　　蹴鞠運動在隋唐五代時期進一步開展。據傳說，蹴鞠為黃帝所造，旨在訓練士兵的戰鬥能力。兩漢、三國時期，蹴鞠已成為社會各階層的樂事。及至隋唐，隨著社會生產力的發展，蹴鞠的製作技術有了很大改進。鞠由過去「以革皮為之，中實以毛」的實心球，改為「以胞為裡，噓氣閉而蹴之」的充氣球[33]，這是制球技術的重大進步和發明。球富有彈性、輕便，能蹴得很高：

第六章・民俗新潮與民風流變

「蹴鞠屢過飛鳥上」[34]；唐以前的不設球門，將鞠蹴入「鞠域」（小坑），至唐變為設立鞠門，「植兩修竹，絡網於上為門，以度球」[35]；球賽按人數分左右朋，按照場上位置分工腳踢，以角勝負，已類於現代足球。當時蹴鞠活動不

·唐代《仕女弈棋圖》

僅宮廷盛行，民間也相當流行；不僅男子愛好，女子也極為喜歡。唐五代時期江西地區比較流行蹴鞠運動。《太平廣記》卷二二七《江西人》載，江西人「熊葫蘆，云翻葫蘆易於翻鞠」。一個普通的民間手工者能隨口用「蹴鞠」之事來比喻自己的高明手藝，說明蹴鞠之事在江西地區常見。《唐摭言》卷十《姚岩傑》記，乾符年間，顏標守鄱陽，在蹴鞠球場上造亭子，請姚崇裔孫時稱「大儒」的姚岩傑作文記其事。而「地上聲喧蹴鞠兒」[36]正是晚唐詩人曹松在南昌市郊所看到的情景。

盪秋千是隋唐五代婦女、兒童喜愛的體育運動，寒食清明節盪秋千最盛。杜甫《清明》詩有「萬里秋千習俗同」句，反映了

34　《全唐詩》卷一二五王維《寒食城東即事》。
35　《文獻通考》卷一四七《樂考·散樂百戲》。
36　《全唐詩》卷七一七曹松《鐘陵寒食日與同年裴顏李先輩鄭校書郊外閑遊》。

盪秋千在民間是極為普遍的現象。詩人曹松在南昌市郊,也曾目睹「雲間影過秋千女」的動人畫卷。

圍棋傳說創於堯舜,漢魏南北朝已在社會上日漸流行,有「坐隱」、「手談」、「忘憂」、「爛柯」之說。隋唐五代時期,圍棋活動無論是宮廷還是民間都十分盛行,特別是風流瀟灑的文人學士、僧侶道眾,更是以圍棋為高雅之事。江西地區下圍棋也較盛行。《太平廣記》卷四十七《馮俊》記載:唐時廬山山中有「道士數十,弈棋戲笑」。元和年

·三閭廟明代古街

間,江州司馬白居易「花下放狂沖黑飲,燈前起坐徹明棋」;「唯共嵩陽劉處士,圍棋賭酒到天明」[37]。晚唐鄭谷隱居家鄉宜春時,作《郊園》一詩描繪自己閒靜的生活,其中云:「煙蓑春釣靜,雪屋夜棋深。」又有《潯陽姚宰廳作》云:「足得招棋侶,何妨著道衣。」五代南唐的淦陽宰李中詩詠及圍棋多至七首,其中《春晚過明氏閒居》詩云:「自樂清虛不厭貧,數局棋中消永日」;《贈朐山楊宰》詩稱,他與羽人在清涼的竹林裡安排棋局,

37 　分別見《白居易集》卷十五《獨夜浦雨夜寄李六郎中》、卷十七《劉十九同宿》。

又「留僧覆舊棋」。李中還將自己的石棋局獻給時宰。考功員外郎伍喬，與處士史虛白「棋玄不厭通高品」[38]。

第三節 ▶ 民風流變

風俗是人們在適應自然並改造自然與社會的漫長實踐過程中形成的習尚差別，是一種文化中具有鮮明的地域性和民族性且代表著傳統和文化慣力的一個層面。與文化構成的其他層面相比，它的傳承性大於變異性，穩固性大於流動性[39]。隋唐五代時期的江西，受社會經濟文化發展以及大量外來人口流動的影響，民風處於承上啟下的關鍵時期，前代的民風在此發揚光大，新的民風又逐漸形成。

一 「信巫鬼」與「重淫祀」

由於長江流域自然環境、農業經濟的特點和其他相關因素的影響，荊楚吳越之地先秦以來就有「信巫鬼，重淫祀」的習俗。隋唐五代時期，此習俗雖有所變革，然伴隨著佛道的隆盛，崇巫淫祀之風仍十分流行，大有超越前代之勢。江西地區於此也表現突出。

淫祀是江西地區信巫事鬼風興盛的象徵之一。按唐人的說法

38　《全唐詩》卷七四四《寄落星史虛白處士》。

39　劉禮堂：《問徑集》，湖北人民出版社二○○五年版，第 227 頁。

· 上栗儺神廟

是：「雖嶽海鎮瀆，名山大川，帝王先賢，不當所立之處，不在典籍，則淫祀也；昔之為人，生無功德可稱，死無節行可獎，則淫祀也。」**40**而政府的宗教迷信活動恰恰促進了民間的淫祀之風。如《太平廣記》卷二十九《九天使者》載，開元年間，唐玄宗因夢見所謂「九天採訪」要求置廟於廬山，即花費大量人力物力，修造「九天採訪祠」。又聽從天臺山道士司馬承禎之言，於「五嶽三山，各置廟焉」，以供祭祀。又如一些祠廟也得到統治者的認可與支持，《新唐書·韋丹傳》載，韋丹在江西任上，為當地的開發和發展作出了貢獻，繼任的裴誼很是佩服他的政績，「上言為丹立祠堂，刻石紀功」。在唐代民間淫祠祭祀中，數目眾多的是各地設立的名目繁多的「生祠」、祭廟，人們對那些政

40 趙璘：《因話錄》，上海古籍出版社一九九一年版。

第六章·民俗新潮與民風流變

績突出或對當地做出過巨大貢獻的人物，往往建祠廟予以崇拜。如位於昌江與西河的交界處三閭廟，即是唐代僖宗年間，為紀念楚國三閭大夫、愛國詩人屈原，而特建此廟。廟的所在地有一條街，稱三閭廟街。祠主因功德而由百姓自發建立的祠廟，按唐人的說法，本不屬於「淫祠」，但數目一多，時間一久也就成為人民的負擔，加之「不在典籍」，屬於在「不當所立之處」而立的，也就成為「淫祀」。

江西崇信巫鬼之風比較盛行，有詩文為證：耿湋《奉和第五相公登鄱陽郡城西樓》：「野步漁聲溢，荒祠鼓舞喧。」李建勳《迎神》：「蠻鼉，吟塞笛，女巫結束分行立。空中再拜神且來，滿奠椒漿齊獻揖。陰風窣窣吹紙錢，妖巫瞑目傳神言。與君降福為豐年，莫教賽祀虧常筵。」唐會昌年間，李遠《送賀著作憑出宰永新序》稱：永新「其俗信巫鬼」。據同治南豐縣《金砂餘氏族譜》所收傅大輝《鄉儺辯記》，以「驅鬼逐疫」為中心的南豐儺舞，始於晚唐。保存至今的萍鄉上栗赤山石洞口儺神廟亦始建於唐代，說明當地「跳儺」在唐代已相當盛行。江西地區祭祀的鬼神物件眾多，並相應建立了奉祀他們的祠廟。如山神：《太平廣記》卷三一四《袁州父老》載，袁州城中老父一日招待求食的紫衣少年及其僕人。飲食間，紫衣少年坦陳自己是仰山神。「父悚然再拜，曰：『仰山日厭於祭祀，奈何求食乎？』神曰：『凡人之祀我，皆從我求福。我有力不能致者，或非其人不當受福者，我皆不敢享之。以君長者，故從君求食耳。』食訖，辭讓而去，遂不見。」宋人范鎮《東齋紀事·輯遺》云：「袁州仰山神祠，自唐以來，威靈頗著。幅員千里之內，事之甚謹。柔毛之

獻，歲時相繼。」如水神：《太平廣記》卷三一三《張璟》載：「廬山書生張璟，乾寧中，以所業之桂州。至衡州犬噑灘損船，上岸，寢於江廟，為神所責。璟以素業對之，神為改容。延坐從容，云：『有巫立仁者，罪合族，廟神為理之於岳神，無人作奏。』璟為草之，既奏，岳神許之，廟神喜，以白金十鋌為贈。劉山甫與校書郎廖隙。親見璟說其事甚詳。」宋人方勺所撰《泊宅編》卷中記鄱陽湖畔的「龍王本廟」云：「士大夫及商旅過者，無不殺牲以祭，大者羊豕，小者雞鴨，殆無虛日。」又如行業神：《太平廣記》卷四九七《江西驛官》記載：「江西有驛官以幹事自任，白刺史，驛已理，請一閱之。乃往。初一室為酒庫，諸醢畢熟。其外畫神，問曰：『何也？』曰：『杜康。』刺史曰：『功有餘也。』又一室曰茶庫，諸茗畢貯，復有神，問何也？曰：『陸鴻漸。』刺史益喜。又一室曰菹庫，諸茹畢備，復有神。問何神也？曰：『蔡伯喈。』刺史大笑曰：『君誤矣。』」雖然將東漢蔡伯喈作為菹神（菜神），使州刺史忍俊不禁，但這一故事反映出當時流行行業神的信奉。甚至在反對鬼神崇拜的佛教信仰中，也出現了不少鬼神。《祖堂集》的「江西馬祖」條，詳細地敘述了道一調伏鬼使的故事。又《宋高僧傳・唐洪州開元寺道一傳》說馬祖「遂於臨川棲、南康龔公二山，所遊無滯，隨攝而化。先是，此峰岫間魑魅叢居，人莫敢近，犯之者災釁立生。當一宴息於是，有神衣紫玄冠致禮言：『舍此地為清淨梵場。』語終不見。自爾猛鷙毒螫，變心馴擾；逆貪背憎，即事廉讓。」這充分說明江西地區的鬼神崇拜的深入與普遍。

原始信仰作為一種古文化層積於隋唐五代人觀念之中，人為

宗教作為一種活文化充當著隋唐五代人文化心理的組成部分。但這時人的神靈崇拜也有創造和發展，許多古已有之的神，或宗教中的神，在唐人心目中都獲得了一些與時人社會生活有關、文化心理相諧的新品質。例如風雨雷電之神都是古老的自然神，隋唐五代人也繼續崇拜他們。其中雷神似乎最得時人青睞，因而除了他的自然屬性以外，又增添了某些人間性或人情味。當時民間信仰認為凡做虧心事者，將會被雷擊斃，因為雷神主持正義、疾惡如仇。《太平廣記》卷二四三《龍昌裔》：「戊子歲旱，廬陵人龍昌裔有米數千斛糴。既而米價稍賤，昌裔乃為文，禱神岡廟，祈更一月不雨。祠訖，還至路，憩亭中。俄有黑雲一片，自廟後出。頃之，雷雨大至，昌裔震死於亭外。」同書卷三九五《廬山賣油者》：廬山賣油者，「為暴雷震死」。原因是「恒以魚膏雜油中，以圖厚利。且廟中齋醮，恒用此油」。同書同卷《江西村嫗》：「江西村中霆震，一老婦為電火所燒，一臂盡傷。既而空中有呼曰：『誤矣。』即墜一瓶，瓶有藥如膏。曰：『以此傅之，即差。』如其言，隨傅而愈。家人共議，此神藥也，將取藏之。數人共舉其瓶，不能動。頃之，覆有雷雨，收之而去。又有村人震死，既而空中呼曰：『誤矣。可取蚯蚓爛搗，覆臍中，當差。』如言傅之，遂蘇。」

城隍信仰是鬼神信仰的重要部分。「城隍」原指城牆和護城河，在古代萬物皆有神靈的原始信仰中，人們創造出城隍神。城隍是社會發展、階級鬥爭、人與自然鬥爭的產物，功用就在於防禦敵人、保護己方，城隍神自然就成了城市的保護神。它的原始職能，主要就是保護城市不受水火盜賊、敵軍的侵襲。道教所構

築的神仙系統，城隍被道家列為地祇，是管領亡魂、禦災捍患之神。城隍出現很早，早在《周易》、《禮記》中就有了它的雛形，在三國兩晉南北朝時期，由於戰亂頻繁，平民百姓流離失所，飽受戰爭之苦，保護城市鄉土的城隍神在人們心中的地位更加強了。入唐以後，由於較長時期的天下安寧，攻城掠地、水火之災也不多，城隍職能逐漸擴大到主管生人亡靈，水旱疾疫，賞善罰惡等等，幾乎是對城市和城市中的人實行全方位的保護和管理，儼然成為該城市冥間的行政長官。唐張九齡《祭洪州城隍文》云：「城隍是保、氓庶是依。」意思就是城和城中的老百姓都賴城隍神保護。

　　六朝以降，長江下游的三吳地區已成為城隍神信仰的中心區域。《太平廣記》卷三〇三《宣州司戶》曰：「吳俗畏鬼，每州、縣必有城隍神。」隋唐時期，隨著城市經濟的發展，城隍神的信仰得到很大的普及，清人趙翼《陔余叢考》卷三十五《城隍神》云：「城隍之祀蓋始於六朝，至唐則漸遍」，「唐以來郡縣皆祭城隍」。唐代江西地區的城市建設較快，城隍信仰盛行，無論是民間還是官方都對城隍極其虔誠。《太平廣記》卷一二四載，洪州司馬王簡易患病，昏睡中忽見一鬼使，手執文書，說是奉城隍之命，來追索其魂魄的。王簡易隨鬼使見到城隍神，神命取簿核驗，見王簡易尚有五年陽壽，因命放歸。開元十五年（727年），張九齡出任洪州刺史時，淫雨成災，遂作《祭洪州城隍神文》祈求城隍止雨放晴。元和十四年（819年），袁州刺史韓愈上任伊始，作《祭城隍文》祈禱袁州城隍求雨。唐代江西城隍信仰與本區的人物密切結合，形成地方特色。咸通年間，天下城隍

均未標名氏，多以土地充之，唯袁州以灌嬰稱祀，成為全國最早將城隍之神以「人鬼實之」的地方。唐代劉驤《袁州城隍廟記》有「構斯堂宇，環廊廚院，廳廡寢殿，互友虹之」數句，可見袁州所建城隍神廟也頗有氣勢，功能齊備。地方的祈晴、禳旱等賽神活動大都在城隍廟中舉行，城隍廟兼具祭祀和娛樂的二重功能，往往發展成為商業興盛之地。

江西地區淫祠及相關的鬼巫信仰，參與人數多而活動頻繁，嚴重蛀蝕社會。如《唐國史補》卷下云：「一鄉一里，必有祠廟焉；為人禍福，其弊甚矣。」民間淫祠巫鬼祭祀之風盛行，首先是勞民傷財，其次是妨害了正常的生活與農作，使迷信之風浸淫民間。唐五代時期，「重淫祀」的習俗，已成為江西人民的沉重負擔，對社會經濟的發展產生了相當的負面影響。《太平廣記》卷三一五《豫章樹》記：「唐洪州有豫章樹，從秦至今，千年以上，遠近崇敬。或索女婦，或索豬羊。」同書卷三一四《潯陽縣吏》記載，「庚寅歲（930年），江西節度使徐知諫，以錢百萬施廬山使者廟」。也正因為如此，統治者對淫祀往往予以限制。唐立國未久，曾詔令「民間不得妄立妖祠」[41]，禁絕民間的「淫祀」。把神納入儒家祭祀軌道，以此形成官方祭祀。《開元禮纂‧吉禮》即具體規定了「諸州祈諸神」的禮儀。有唐一代，地方官中也多有雷厲風行、大剎淫祀之風者。武周統治時期，狄仁傑為江南巡撫使，十分痛恨「吳楚之俗多淫祠」，他果斷「奏毀一千

41　《資治通鑒》卷一九二「唐高祖武德九年」條。

七百所」[42]。穆宗長慶年間，王仲舒除江西觀察使，「有為佛老法，興浮屠祠者，皆驅出境」[43]。厲行禁止淫祀是皇朝貫徹大一統思想的體現，從維護中央集權而言，無疑有積極意義。然而，由於分散的小農經濟、多變的自然環境、悠久的鬼神信仰及時時出現的天災人禍，都使得百姓陷入層出不窮的矛盾、困惑之中。他們身邊要解決的具體問題太多，而官方儒家思想給他們的實惠又太少，他們深感自己的力量難以克服種種困難，於是「力不中者取乎神」，不得不求助心目中的各種神靈。因此，唐代江西地方官員屢次毀禁淫祠巫鬼的措施大都難以持久，淫祀之風依然旺盛。狄仁傑在江南的破淫祀活動，無疑對江西地區有較大的影響，但並沒有破除民眾淫祀的根源。中唐南昌進士熊孺登作《董監廟》詩去：「仁傑淫祠廢欲無，枯楓老櫟兩三株。神烏慣得商人食，飛趁征帆過蠡湖。」就是現實的寫照。

有的地方官努力把某些民間「淫祀」納入官方軌道，以達到遏止此風的目的。韓愈在袁州，於元和十五年（820 年）作了《祭城隍文》、《祭仰山神文》、《又祭仰山神文》三篇祭神文章。其中《祭仰山神文》對於神明在敬語的形式下又賦予了強烈的官方功利主義。該文一開始就毫不客氣地聲言神是依人而生的，以此作為展開下文的大前提。神既依人而生，自應奉事於人。如今久不降雨，天旱傷農，難道不是神的失職嗎？不過韓愈行文巧

42　《舊唐書》卷八十九《狄仁傑傳》。
43　《新唐書》卷一六一《王仲舒傳》。

妙，並不直接指斥，而以不利於神的後果告之：「人將無以為命，神亦將無所降依，不敢不以告」，口吻軟中帶硬，恭敬中含有威脅。下文筆鋒一轉，把矛頭拉回自身：如果我做刺史有罪，可以懲罰我個人，為什麼要連累百姓呢？這種高姿態，對於同有佑護鄉土之責的仰山神來說，又是一層壓力。最後兩句「以時賜雨，使獲承祭不怠，神亦永有飲食」，簡直就是命令，當然也含有勸誘和許諾。總而言之，韓愈雖是人間官吏，但在向神明祈禱求告時，氣勢卻完全凌駕於神靈之上。另據楊吳順義年間頓金《仰山加封記》、南唐保大時人朱恂《仰山廟記》等文獻記載，晚唐五代，仰山神得到了政府的加封、立廟，成為正統性神靈。

隋唐五代江西地區紛繁而多彩的神靈崇拜，承襲了原始思維中的基本內核，其作用則在於藉以補償和調節社會生活帶給自身的心靈失衡，因此它的非科學性也是顯而易見的。江西地區的宗教迷信思想歷來深厚，封建統治者為了鞏固自己的統治，神道設教，有意識地加以利用。人為宗教也想通過民間信仰來擴大影響，因此不遺餘力地進行滲透，從而使部分民間神帶上了宗教色彩，又使一部分宗教神深入民間，並在許多場合下形成交叉融合、莫辨你我的情況。另一方面，江西地區佛、道等正統宗教的流行，也對抵制淫祀巫鬼的傳統起了一定作用。如上引《太平廣記》卷三一五《豫章樹》所記洪州流傳千年以上的「神樹」崇拜，即因道士胡慧超積薪焚毀「神樹」，並在其上設置道觀而止。

漢代以後，儒家雖取得了獨尊的地位，但它並不能涵蓋整個思想文化，也沒有能力單獨控制一個地區。這是因為古代文化是

多層次的[44]。江西民眾信巫鬼、重淫祀，表明本區的此風俗文化有一個敬鬼神的層面，它與儒家不事鬼神的理念相抵牾。作為一種意識形態和迷信活動，它比帝王貴族們的各種祭祀活動，與道教、佛教等等宗教的傳播，表現得更原始，更愚昧。但是兩者沒有本質的區別，而且具有同樣的經濟基礎和政治背景。信鬼尚巫的風俗，往往處於非法地位，卻偏能頑固地延續於民間。唐朝雖說是大一統皇朝，在思想文化上卻沒有辦法把各地統一起來。江西地區的鬼神文化、淫祀之風依然如故。總之，江西民間占主導地位的是以鬼神觀念為主要特徵的思想文化，而不是以儒家為本的統治思想，由此形成不同的文化層面。

二　占卜與「畜蠱」

占卜而與鬼神溝通，是古人日常生活的重要內容，也是重要的知識體系。隋唐兩朝都在太常寺中設太卜署，專掌「卜筮之法」，有太卜令、卜正、卜博士等官員，同時有卜師、巫師等專職人員。占卜的方式主要有四種，「一曰龜，二曰兆，三曰《易》，四曰式。」「皆辨其象數，通其消息，所以定吉凶焉。」甚至在太醫署中，也設有專門的「咒禁博士」，主要負責教授咒禁生，「以咒禁祓除邪魅之為厲者」。在官方正式機構之外，民間還有所謂的陰陽雜占，「凡陰陽雜占、吉凶悔吝，其類有九，

44　參見李文瀾：《略論中國古代社會經濟的多層次性》，《江漢論壇》一九九七年第十一期。

決萬民之猶豫：一曰嫁娶，二曰生產，三曰曆注，四曰屋宅，五曰祿命，六曰拜官，七曰祠祭，八曰發病，九曰殯葬。」[45]統治者為了移風易俗，改良社會風氣，不斷地禁止非官方的卜筮迷信活動。如，武德九年（626年）唐太宗登基伊始即下詔令：「民家不得輒立妖神，妄設淫祀。非禮祈禱，一皆禁絕。其龜、易、五兆之外諸雜占，亦皆停斷。」[46]《全唐文》卷三十一《禁卜筮惑人詔》：「古之聖王，先禁左道，為其蠹政，犯必加刑。至如占相吉凶，妄談休咎，假託卜筮，幻惑閭閻，矜彼愚蒙，多受欺誑。宜申明法令，使有懲革。自今已後，緣婚禮喪葬卜擇者聽，自餘一切禁斷。」但由於卜筮深入人心，影響民眾生活的方方面面，遂禁者自禁，信者自信。

龜卜與筮占是古人占卜的基本形式。龜卜源於崇拜「動物之靈」，而筮卜則源於崇拜「植物之靈」。用龜占曰卜，用蓍草占曰筮。龜著象，筮衍數，物先有象而後有數。卜筮者即用象數卦爻，加以演繹。卜筮者用《周易》以取象，也取於氣，或取於時日以成其占。隋唐時期人們常用卜筮來決疑。元和七年（812年），唐憲宗曾專門與李絳討論過占卜的問題。憲宗問：「卜筮之事，習者罕精，或中或否。近日風俗，尤更崇尚，何也？」李絳回答說：「臣聞古先哲王畏天命，示不敢專，邦有大事可疑

45　《唐六典》卷一十四「太常寺」；參見《隋書》卷二十八《百官志下》，《舊唐書》卷四十四《職官志》。

46　《冊府元龜》卷一開九《帝王部・革弊》。

者，必先謀於卿士庶人，次及於卜筮，俱協則行之。末俗浮偽，幸以徼福，正行慮危，邪謀覬安，遲疑昏惑，謂小數能決之。而愚夫愚婦，假時日鬼神者，欲利欺詐，參之見聞，用以刺射，小近其事，神而異之。由是風俗近巫，成此弊俗，聖旨所及，實辯邪源，存而不論，弊斯息矣。」[47]從這段對話中，透露出諸多資訊。首先，這時的社會風俗非常崇尚卜筮；其次從事卜筮職業者已不能專精本業；第三，正統的卜筮已摻入「時日鬼神」等巫覡的巫術迷信內容，因而「風俗近巫」了。唐代占卜，龜筮已混通而不分，且衍生出眾多的占卜方式方法，又有錢卜、琵琶卜、鳥卜、雞卜、茅卜等種種方法。《全唐文》卷三十一《禁卜筮惑人詔》：「古之聖王，先禁左道，為其蠱政，犯必加刑。至如占相吉凶，妄談休咎，假託卜筮，幻惑閭閻，矜彼愚蒙，多受欺誑。宜申明法令，使有懲革。自今已後，緣婚禮喪葬卜擇者聽，自餘一切禁斷。」

江西地區卜筮之風頗為濃厚。如《朝野僉載》卷三記，洪州何婆善琵琶卜，前來求卜的人「士女填門，餉遺滿道」，何婆則「顏色充悅，心氣殊高」。所謂琵琶卜就是以琵琶撥彈，聽其弦音，以定吉凶禍福。雞卜源於古越人的崇鳥之俗，秦漢以後，遺俗仍有保留並發展成雞卜。《史記·孝武本紀》載：「越巫立越祝祠，亦祠天神上帝百鬼，而以雞卜。上信之，越祠雞卜始用焉。」這至少可以說明越巫相信雞是具有非凡的魔力、可以預卜

凶兆的。雞卜的方法，據唐人張守節在《史記正義》云：「用雞一狗一，生，祝願訖，即殺雞狗，煮熟又祭，獨取雞兩眼骨，上有孔裂，似人物形則吉，不足則凶。」各地的雞卜形式有所不同，有以雞嘴卜，有以雞股骨卜，有以雞肝卜，有以雞蛋卜，根據其顏色，形態斷定吉凶。唐會昌二年（842 年）七月，賀憑出任永新縣令，友人李遠作《送賀著作憑出宰永新序》云：永新「雞卜以祈年」。《十國春秋》卷九《支戩傳》載，唐末，餘干人支戩請箕仙占卜其仕途。

占夢也是建築在命運前定的理論基礎之上的占驗方法，通過對夢境的解釋，揭示出其中蘊涵的預兆和警示。這種占驗方式在隋唐五代時期非常盛行，江西地區也頗為流行。著名唐代傳奇《謝小娥傳》，描寫了一個占夢復仇的故事。謝小娥是豫章一位鉅賈的女兒，一次父親與丈夫的貨船遭到盜賊搶劫，同時被殺，沉入江中。小娥最初夢見父親對她說：「殺我者，車中猴，門中草。」數日後，又夢見丈夫說：「殺我者，禾中走，一日夫。」小娥多年遍訪才學之士，但是沒有人能夠解釋這兩句話的含義。最後偶然遇見李公佐，才得知殺害其父、其夫的兇手分別是申蘭、申春兄弟。小娥按照名字尋訪，歷盡艱辛，最後終於報仇雪恨。

「巫術自越傳來，故南諸郡多習之。」[48]江西地區的巫風盛行，各類巫術也大行其道。白居易《東南行一百韻》詩稱江州一

48　瞿宣穎：《中國社會史料摘抄》，上海書店，一九八五年。

帶的社會風俗「成人男作卅，事鬼女為巫」，就是極其形象的概括。六朝隋唐以來，江西地區最為令人關注的巫術就是「畜蠱」。《隋書‧地理志下》下列舉新安、永嘉、建安、遂安、鄱陽、九江、臨川、廬陵、南康、宜春諸郡云：「此數郡往往畜蠱，而宜春偏甚。」畜蠱的方法是「以五月五日聚百種蟲，大者至蛇，小者至虱，合置器中，令自相啖，餘一種存者留之，蛇則曰蛇蠱，虱則曰虱蠱，行以殺人。因食入人腹內，食其五臟，死則其產移入蠱主之家。三年不殺他人，則蓄者自鐘其弊。」顧野王《輿地志》載：「江南數郡有畜蠱者，主人行之以殺人。行飲食中，人不覺也。」江西地區的畜蠱之風除了深受巫鬼風氣影響外，與南方毒蟲叢生的地理環境有關，與貧窮和愚昧有關，與人們褊急、嫉妒等的陰暗心理有關，也與社會的各種矛盾鬥爭有關。

畜蠱是一種黑巫術，害人利己，甚至害人害己，歷代政權對之屢加打擊、禁止。《禮記‧王制》：「執左道以亂政，殺。」鄭玄曰：「左道，若巫蠱及俗禁。」隋開皇十八年（598 年）五月，「詔畜貓鬼，蠱毒、厭魅野道之家，投於四裔」。《唐律‧賊盜律》專設有「造畜蠱毒」的條文：「造畜蠱毒及教令者，絞。」封建政權對畜蠱害人的處罰雖極其嚴厲，但由於社會政治、經濟、文化環境的影響以及民眾心理的痼疾，畜蠱之風依然盛行。

三　風水之風漸起

隋唐五代人重生厚死，對居宅、墓地的選擇、建造，極迷信陰陽五行風水地氣之說，他們的擇地起屋、造墓必先請陰陽堪輿

家察地相宅，測定風水佳美、陰陽和合的地方，然後造房或作墓，卜測吉日遷居或遷葬。相宅、相墓之術自漢魏以來早已長期流傳，至隋唐更為盛行。時俗認為若宅址、墓地選得好，會使家業興旺、子孫發達；反之，便會受到災禍，且會殃及後代子嗣。陰陽先生看風水的本事被稱為地理之術——堪輿術。唐五代時期，江西的風水之風日漸流行。唐天祐年間的洪州繩金塔之建，即有鎮風水佑洪州城之深意。南唐時，宜春人何溥，「識雲氣，善地理家言」，相墓、卜宅能力頗高，曾為南唐君主擇地。著《論氣正訣》一卷傳世[49]。不過，正宗而系統的堪輿術在唐代以前，基本停留在為官府服務的層面上，庶民百姓難得與聞。唐末社會極其動盪，主持朝廷堪輿術的人物流亡到江西虔州，從而帶來了江西堪輿術的「革命」。

僕都監，不知名，善青烏術，是唐朝司天監都監。當黃巢農民軍攻進長安時，他與楊益避亂流徙至虔化縣西懷德鄉，將青烏術傳授給中壩廖三傳。廖又傳其子瑀，瑀傳其女婿謝世南，世南傳其子永錫。廖瑀活動於饒州、信州等地。僕都監雖然對江西好風水風氣形成的作用不小，但楊益的功績卻遠大於他。

楊益（834-906 年），字筠松，世稱「救貧先生」，竇州（今廣東信宜）人。唐僖宗朝國師，官金紫光祿大夫，掌靈台地理。他在黃巢農民軍入長安時，取走「秘書中禁術」，與僕都監一起奔至虔化，並在當地積極傳播堪輿之術。楊益傳術善於借助地方

---

49 《十國春秋》卷二九《何溥傳》。

權威勢力，傾心結交割據虔州的盧光稠，先後為盧父母擇地建墓，又幫盧擇基地築虔州城。楊益根據堪輿學說，選虔州城址為上水龜形，龜頭築南門，龜尾在章貢兩江合流處，東門、西門為龜的兩足，均臨水。與地理形勢相配合，使虔州城成為一座三面臨水、易守難攻的堅固城池。楊益雲遊天下，本無意駐足，在弟子曾文辿的勸說下，擇居據稱風水佳好的興國縣梅窖鄉三僚村。楊益為當地民眾堪定陰陽宅址，遍閱贛南名山大川的同時，授徒傳藝。曾文辿，虔化縣人，居會同裡。自幼讀書，本圖科舉仕進，因逢戰亂，隱居在於都縣黃檀寺讀書，不問世事。後偶遇楊益，羨其學問，遂拜為師，與楊益共居三僚而習堪輿，熟究天文、讖緯、黃庭、內經諸書，尤其精地理。後梁貞明年間（915-921 年），曾文辿遊歷到萬載，愛其縣北西山之丘，謂其徒曰：「死葬我於此。」著有《八分歌》、《尋龍記》、《陰陽問答》等，流行於世。另一位追隨楊益定居三僚的弟子是廖瑀（字伯禹）。相傳廖瑀曾入山學道，長居虔化翠微峰金精洞，自號「金精山人」。又因他年方十五，已經精通四書五經，被鄉人稱為「廖五經」。廖瑀的父親廖三傳得僕都監傳授擅長堪輿，廖瑀自幼耳濡目染，轉而研究堪輿之術。後來得到楊益親傳青囊秘笈。著有《懷玉經》、《俯察本源歌》等著作傳世。楊益還有一位著名的弟子是于都人劉江東。劉江東生於大唐中和四年（884 年），字判則，晚年號劉白頭。因其祖父為盧光稠參政，與楊益知遇，遂請其收劉江東為徒。劉江東在楊益的悉心指導下，盡得其義，精於地理堪輿之學，水準高於其師兄曾文辿、廖三傳。劉江東思想開明，傳道不拘姓氏，只要是好學者則盡心傳之。曾、廖二姓將堪

輿術列為家傳，不傳外人，後曾、廖二姓繁衍，主要在三僚一地，而劉姓漸漸走出三僚，從興國逐漸散播各地，以至海外。劉江東是楊益堪輿理論的主要記錄者與傳人，為楊益堪輿文化的繼承和傳播發揮了重要的作用。其本人著有《囊經》一書傳世。劉江東子劉穎、婿譚文謨，世傳楊氏堪輿。

元代吳澄《吳文正集》卷十六《地理真銓序》稱，風水之術原藏於唐代朝廷，民間既無此術也無其書。楊益在朝廷秘書中任職，得此禁術。唐末楊益避黃巢之亂遷入贛州，始將風水之術傳予鄉人。因此「言地理術盛於江西，自此始」。江西風水術是否始于楊益，或有疑問。因為早在大歷年間，江南東道的婺州東陽人周士龍和其叔父即以「能辨山岡，卜擇墳墓之地」聞名，許多人前來請他看風水，「以至門庭車馬如市」[50]。婺州靠近江西，是江西經大運河北上中原的必經之地，風水之術不可能不影響到江西。另外，由前引舒元輿等例子，說明在楊益、僕都監傳術江西之前，江西地區已流傳相墓之術。但楊益、僕都監將藏於宮廷的有關風水的秘笈南傳，自然有助於此風此術的發展。

風水作為一種學問體系，有「理氣派」和「形法派」之分。從實用主義的功能出發，便於生產、生活，根據地形、地勢特徵選擇集居地的稱形法派。「形法派」的特點可從其代表人物楊益論說中得到確切表達，楊氏堪輿術法，經其後傳弟子整理有《青囊》、《疑龍》、《撼龍》、《穴法》、《倒杖》、《天玉經》、《玉尺經》

　50　《太平廣記》卷二八九《周士龍》。

等諸書，流傳於世。《四庫全書總目提要》對楊氏的三本主要著作的理論要點作了如下歸納：「《撼龍經》專言山壟落脈形勢，分貪狼、巨門、祿存、文曲、廉貞、武曲、破軍、左輔、右弼九星，各為之說。《疑龍經》上篇言幹中尋枝，以關局水口為主；中篇論尋龍到頭，看背面朝迎之法；下篇論結穴形勢，附以疑龍十問，以闡明其義。《葬法》則專論點穴，有倚蓋撞沾諸說，倒杖分十二條，即上說而引伸之附二十四砂……」楊氏的理論成為後世形法派的重要依據。明人王禕《青巖叢錄》曰，擇地術「分為二宗，一曰宗廟之法，始於閩中……而用之者甚鮮。一曰江西之法，肇于贛人楊筠松、曾文辿，及賴大有、謝子逸輩，尤精其學……今大江以南，無不遵之者」。關於楊筠松在江西所創風水宗派的性質，清丁芮樸《風水祛惑》云：「楊筠松地理宗派，自宋迄明為人所道者，是巒體。則理氣非楊學，略舉數條，佐證其偽。《文山文集》雲黃景文煥甫乃祖贛風水名述也。大概煥甫之術，以為崇岡復嶺，則傷於急；平原曠野，則病於散。觀其變化，審其融結。意則取其靜，勢則取其和，地在是矣。其曰祖贛風水者，祖楊、曾之法也，此則明言傳其法述是巒體矣。……江西有風水之學，往往人能道之，即謝疊山所謂楊君南川誦楊救貧所著《三龍經》極熟者也。」這裡反復論證了楊筠松是江西派的始祖，其理論重在講巒體形勢，強調因地制宜、因龍擇穴。其目標是尋找龍、穴、砂、水、向，俗稱「地理五訣」。楊益被尊為贛派（形法派）堪輿開山祖師。楊益死後葬於都昌縣寒信峽藥口壩，清朝將地改名為楊公壩，以志紀念。僕都監、特別是楊益及其弟子在贛州的堪輿活動，使堪輿文化在贛南迅速傳播，贛派堪

・贛南紀念楊筠松的楊公祠

興得以興起。自此江西好風水之風轉趨濃厚，進而影響到福建、廣東、廣西、浙江、安徽等地，歷宋元明清不衰。

四　從「少訟」到「好訟」

秦漢六朝以來，江西民眾淳樸、忠厚，勤於本業，與世少爭。《隋書・地理志下》記豫章風俗時，仍稱：「俗少爭訟。」然而，《全唐詩》卷八七七載中晚唐民謠云：「筠、袁、贛、吉，腦後插筆。」原注云：「言好訟也。」也就是說，這時的筠、袁、贛、吉等地的江西人一反先前無忿無競的敦厚淳樸形象，而是作出一副隨時準備打官司的架勢。

隋唐時期，江西地區從「少訟」到「好訟」的轉變，首先是本區社會經濟發展的結果。《隋書・地理志下》：「江南之俗，火

耕水耨，食魚與稻，以漁獵為業，雖無蓄積之資，然而亦無饑餒。」在自然經濟的長期支配下，人們盡可能地生產自己所需要的生產生活用品，包括全部糧食和大部分手工業製品。自給自足是自然經濟的指導原則，即所謂「樹之穀，藝之麻，養有性，出有車，無求於人」[51]。除了像鹽鐵等不能生產以外，凡是能自己解決的，都要自己生產，「無求於人」即不必求購於市場，這是人們心中理想的生民之本，在農民經濟和地主經濟中都是如此。江西地區民眾長期處於自給自足的形式之中，少與他人經濟往來，小農經濟的根本土地又富裕有餘，故一派平和。但唐以來，隨著江西地區社會經濟開發的深入，人口的大幅度增長，一些地方的生存發展條件發生了變化，特別是人口與土地的矛盾開始突顯。社會風俗由此也發生了較大的變化。

虔州位於贛江上游大庾嶺以北贛南地區。隋時為南康郡，轄贛、虔化、南康、于都四縣。唐朝虔州所轄增設信豐、大庾、安遠三縣。增設的原因主要是當地經濟發展與人口增長。唐初虔州戶八九八九四，天寶時當地戶數已達三七六四七。虔州長期以來地廣人稀，但經唐前期的人口增殖，特別安史之亂以來，又大量吸收外來人口，導致當地人口數量增加。虔州地域雖「於江南地最曠」[52]，但由於山地縱橫，適合農業開發的區域在當時的生產力

51　《柳河東集》卷二十四《送從弟謀歸江陵序》。
52　《王文公文集》卷三十四《虔州學記》。

條件下卻有限。「版籍多遷客，封疆接洞田。」[53]居民少土著，多來自外地，耕地是開發山洞而成。人口的增長，一方面加速了當地的經濟開發。唐僖宗時，嶺南用兵，鄭畋建議於嶺南煮海為鹽，「市虔、吉米以贍安南。罷荊、洪等漕役，軍食遂饒」[54]。唐末贛南地區已有糧食就近外運，反映當地生產有了初步發展。另一方面，土地不足的矛盾遂成當地嚴重的社會問題。

袁州以所在有袁山、袁水而得名，始置於隋。唐轄宜春、新喻、萍鄉三縣，均為六朝舊縣。山多田少是袁州地區的基本狀況。唐五代沒有在袁州增設新縣，說明其開發在隋朝時就已基本飽和。袁皓《重訪宜春》稱宜春：「有村皆紡績，無地不耕犁。」盧綸《送陳明府赴萍鄉》說萍鄉：「田開野荻中。」袁州的耕地多是開山荒而成。南宋范成大在袁州仰山，看到層層而上的禾田，始稱之為「梯田」。這些事實正說明袁州地區的土地開發物件有限。唐代袁州地區人口增長迅速，隋時有戶一〇一一六，《新唐書・地理志》載天寶戶三七〇九三，口一四四〇九六。其人口與土地的矛盾自然也就增多。

吉州為隋置州。吉州廬陵郡五縣，其中廬陵、泰和、安福、新淦為舊縣，唯永新縣系唐顯慶二年（657 年）析太和置。隋廬陵郡戶二三七一四，《新唐書・地理志》載戶三七七五二，口三

53　《全唐詩》卷四四〇白居易《清明日送韋侍郎貶虔州》，卷五七二賈島《送南康姚明府》。

54　《新唐書》卷一八五《鄭畋傳》。

三七〇三二，口數僅次於洪州。吉州位於著名的吉泰盆地中心，所屬廬陵縣，東通大山，「土沃多稼，散粒荊揚」，「自江以南，吉為富州」[55]。新淦縣「地宜穀稻，肥美」，贛水兩岸農作興旺。與此同時，吉州商賈輻輳，百貨雲集。「廬陵戶餘二萬，有地三百餘里，駢山貫江，扼嶺之沖。材竹鐵石之贍殖，苞篚韠緝之富聚，土沃多稼，散粒荊揚，故官人率以貪敗。」[56]在以農為本的中古時代，吉州地區經商的人數較多，說明土地經營已產生了一定的問題。

社會經濟的發展，帶來了人們財富觀念的變化。劉禹錫在《答饒州元使君書》中曾評價說：「瀕江之郡，饒為大。履番君之故地，漸甌越之遺俗。餘干有畞鐘之地，武林有千章之材。其民謀利鬥力，狃於輕悍，故用暴虐聞。重以山茂樻梧，金豐鐐銑，齊民往往投鎡錤而即鑮鑄，損絲枲而工寧擷，乘時詭求，其息倍稱。」滿足於自給自足的民眾開始追求財富積累、發家致富了。經濟活動增加，與他人的交往就增多，自然增加了產生各種矛盾的可能性。

「爭訟」的起因是多種多樣的，爭土地，爭水源，爭風水墳山，爭竹木，也有的僅是一些零碎瑣事，但最主要的是土地問題的嚴重化。土地是農業社會的經濟基礎，也是農民生活的基本依據。隨著唐以來土地短缺問題的出現，爭奪土地，成為中唐以來

55　《全唐文》卷八二六皇甫湜《吉州刺史廳壁記》、《吉州廬陵縣令廳壁記》。

56　《皇甫持正文集》卷五皇甫湜《吉州廬陵縣令廳壁記》。

江西民眾「好訟」的主要原因。《宋史・地理志》稱湖南與江西袁吉二州接壤處，「其民往往遷徙自占，深耕既種，率致富饒，自是好訟者亦多矣」。卻大致可推測中唐以來江西一些地區「好訟」的原因。這種爭訟多為「田訟」。《全唐詩外編・續補遺》卷九載，洪州人施肩吾在一首詩中記述他在桐廬縣廳所見云：「擾擾廳前走羸瘰，中有老人扶杖拜。天公霹靂耳不聞，猶為子孫爭地界。」施氏所言不是江西，卻也可對認識江西好訟之風的產生提供思考。如唐會昌二年，李遠作《送賀著作憑出宰永新序》稱：「今永新之為邑也，僻在江南西道，吾聞牛僧孺之言，與荊楚為鄰，其地有崇山疊嶂，平田沃野，又有寒泉清流以灌溉之。其君子好義而尚文，其小人力耕而喜鬥。」又如南唐李建勳《送王郎中之官吉水》詩云當地習俗：「南望廬陵郡，山連五嶺長。吾君憐遠俗，從事輟名郎。移戶多無土，春蠶不滿筐。惟應勞贊畫，溪峒況強梁。」廬陵地區因「移戶多無土」造成了一系列的社會問題。移民缺少生存的土地，除了向荒山深林之地開發外，自然還會與當地居民爭奪土地。

　　中唐以來，江西「好訟」風氣的形成，也與當時的政治生態密切相關。隋唐五代是封建社會法制趨於完備的時代。唐代注重法制文明，訴訟制度比較完善。據《唐六典・尚書刑部》載：「凡有冤滯不申，欲理訴者，先由本司本貫，或路遠而蹟礙者，隨近官司決斷之，即不伏，當請給不理狀；至尚書省，左右丞為申詳，又不伏，復給不理狀；經三司陳訴，又不伏者，上表，受表者又不達聽，撾登聞鼓。若煢獨老幼，不能自申者，乃立肺石之下。」這裡列舉了州──尚書省──三司──皇帝四級上訴申

訴機關。向皇帝申訴可以上表，搖登聞鼓及老幼疾殘者可站在特設的「肺石」之下，即由守衛皇宮的監門衛為之奏聞。當時司法上強調「守文定罪」、「以公執律」、「恤刑慎殺」。對於民間爭訟，往往用法令條件加以裁決。例如，唐代對於以土地為中心的財產所有權予以法律保護，對違法者依律實行懲治。《唐律》規定了「盜耕種公私田」、「妄認、盜賣公私田」、「盜耕人墓田」、「占田過限」等罪名。《十國春秋‧顏詡傳》載，晚唐時，顏詡叔父「以非禮據鄉人桑，詣縣求治，邑令下詡評之，詡償以縑，訟遂止」。至南唐初年，號稱法治，「多用法律經義取士」⁵⁷，這種重「法」之風對江西地區產生較大的影響。如王崇文刺歙、吉期間，「廬陵民尚氣喜訟，以先止為怯，號難治，崇文一以法治之，不少貸，訟為衰息」⁵⁸。南昌人陳省躬任廬陵永新令時，「敏於判部，部民交訟，不下吏議，面訊其由」，使訴訟得以當場解決⁵⁹。民眾由原先注重自己解決，轉向依賴官府，說明政府的法制建設取得了一定的成效。此外，隋唐五代時期，隨著江西社會經濟的發展與人文素質的提高，民眾法律意識與法制觀念增強，形成「好訟」的文化基礎。在某種意義上爭訟增多是一種社會的進步和開化，因為社會越是閉塞落後，民風越是質樸無華，老百姓越是卻步官府。

第六章‧民俗新潮與民風流變

57 　陸游：《南唐書》卷五《徐鍇傳》。
58 　《十國春秋》二十二《王崇文傳》。
59 　《南唐野史》卷七《陳省躬》。

　　總之，中唐以來江西的好訟之風，主要源於經濟開發帶來的經濟競爭與生存壓力，而社會的文明程度上升與本區文化的發展又為訟風的形成推波助瀾。由此可見，一個地區民風的形成，除了地理與傳統的影響外，經濟文化的發展也是極其關鍵的因素。

後記

　　愛國愛鄉先識其史，學人一直有注重地方史研究的優良傳統。江西地方史研究篳路藍縷，許懷林先生有開拓之功，二十世紀九十年代初完成的《江西史稿》奠定了當代研究江西歷史的基礎。此外，陳文華、陳榮華主編的《江西通史》、陳文華等著的《江西經濟史》、韓溥著的《江西佛教史》、周文英等著的《江西文化》等一批研究江西地方的通史性專門史的著作，以及省內外相關研究者一大批關於隋唐五代區域地方歷史的論著，如牟發松的《唐代長江中游的經濟與社會》、黃玫茵的《唐代江西地區開發研究》、李文瀾的《湖北通史（隋唐五代卷）》等著作，都成為筆者寫作本卷的良好參照與重要依據。可以說，沒有這些前輩時賢付出的努力與心血，筆者要完成本卷是不可能的。

　　筆者對隋唐五代史素無學習，對江西地方史更形如陌路，因此，接受本卷撰寫的任務無疑是對自己譾陋知識的巨大挑戰。為了完成本卷，筆者盡可能地閱讀原始資料、搜集已有的研究成果、拜訪相關的專家，力圖站在前輩時賢的肩膀上有所突破和進步。本卷作為《江西通史》「隋唐五代」部分，試圖貫徹如下寫作思想：一是全面系統地敘述隋唐五代江西歷史，在繼承的基礎

上，著力體現個人的思考與心得，盡可能地填補前輩時賢研究認識的空白，並有所超越。二是實事求是地敘述隋唐五代江西歷史，以復歷史面貌、求歷史真相。讓關注本段江西歷史的有心人，得到可能更為客觀更為真實的認識。三是走進歷史的深度，力圖把握隋唐五代江西社會政治、經濟、文化發展的規律。四是作為有可讀性的歷史，語言文字儘量簡練、通俗，以求雅俗共賞。毋庸置疑，本卷並沒有很好地體現這些思想，不足之處相當明顯：體例缺乏創新，有些節、目的編排不盡合理；語言文字不夠簡練通暢、生動活潑；某些應該充分反映的內容，沒有得到反映或反映得不夠，等等。這些問題的產生，除了文獻資料不足、現有研究水準有限等客觀條件的影響外，根本的則是筆者學識淺薄、能力低下。

筆者之所以能參加《江西通史》這一具有重大文化意義的學術工程，承蒙江西師範大學歷史文化與旅遊學院院長方志遠先生的著力推薦以及《江西通史》編委會的「不規一格」。本卷之所以能完成，得益於編委會諸位先生的誠懇殷切的教誨、督促、幫助；受教于武漢大學歷史系楊德炳先生、宜春學院政史系鄭建明先生兩位評審專家的認真細緻的審讀、修改、斧正。尤其是江西省人民出版社的姚繼舜先生，以淵博的學識細緻科學的態度，一絲不苟地核查全書史料，使本書避免了不少錯誤；責任編輯曾熙女士、美術編輯揭同元先生也傾注了大量心血，使本書品質得到了很好的保證。另外，華東師範大學歷史系牟發松先生、武漢大學三至九世紀研究所朱海老師對本卷資料的收集提供了極大的幫助，江西師範大學歷史文化與旅遊學院梁瓊老師及方潛龍、劉小

生、歐陽輝等研究生承擔了部分文字的校對工作。應特別申明的
是，本卷的部分照片由江西省博物館趙元春先生提供。還有一部
分則來源於網路，沒有這些照片，本卷將是極大的遺憾。可惜筆
者難以確認照片作者的姓名，無法列其鴻名。謹致謝忱！

陳金鳳

二〇〇八年二月十五日

主要

參考文獻

〔唐〕魏征等:《隋書》,中華書局,一九八二年。

〔後晉〕劉昫等:《舊唐書》,中華書局,一九七五年。

〔宋〕歐陽修、宋祁:《新唐書》,中華書局,一九七五年。

〔宋〕薛居正:《舊五代史》,中華書局,一九七六年。

〔宋〕歐陽修:《新五代史》,中華書局,一九七四年。

〔清〕吳任臣:《十國春秋》,中華書局,一九八三年。

〔宋〕馬令:《南唐書》,《四部叢刊》本。

〔宋〕陸游:《南唐書》,《叢書集成初編》本。

〔宋〕龍袞:《江南野史》,臺灣文淵閣《四庫全書》本。

〔唐〕李林甫等:《唐六典》,中華書局,一九九二年。

〔唐〕李吉甫:《元和郡縣圖志》,中華書局,一九八三年。

〔唐〕杜佑:《通典》,中華書局,一九八四年。

〔宋〕司馬光:《資治通鑒》,中華書局,一九五六年。

〔清〕王夫之:《讀通鑒論》,中華書局,一九七五年。

〔宋〕樂史:《太平寰宇記》,中華書局,二〇〇〇年。

〔清〕顧祖禹：《讀史方輿紀要》，中華書局，一九五五年。

〔宋〕王溥：《五代會要》，上海古籍出版社，一九七八年。

〔宋〕王溥：《唐會要》，上海古籍出版社，一九九一年。

〔宋〕宋敏求：《唐太詔令集》，中華書局，一九五九年。

〔宋〕王欽若：《冊府元龜》，中華書局，一九六〇年。

〔宋〕李昉等：《太平御覽》，中華書局，一九六〇年。

〔宋〕李昉等：《太平廣記》，中華書局，一九八一年。

〔清〕董誥等編：《全唐文》，上海古籍出版社，一九九〇年。

〔清〕曹寅等編：《全唐詩》，中華書局，一九八五年。

〔明〕陳霖纂修：《南康府志》，上海古籍書店影印，一九六四年。

〔清〕尹繼善等：《江南通志》，清乾隆元年（1736 年）修刊本。

〔清〕曾國藩、李文敏等：《江西通志》，清光緒七年（1881年）刊本。

呂思勉：《隋唐五代史》，中華書局，一九五九年。

范文瀾：《中國通史簡編》（第三冊），人民出版社，一九六五年。

韓國磐：《隋唐五代史綱》，人民出版社，一九七九年。

韓國磐：《隋唐五代史論集》，三聯書店，一九七九年。

王仲犖：《隋唐五代史》，上海人民出版社，一九八八年。

〔英〕崔瑞德編：《劍橋中國隋唐史》，中國社會科學出版社，一九九〇年。

陶懋柄：《五代史略》，人民出版社，一九八五年。

鄭學檬：《五代十國研究》，上海人民出版社，一九九一年。

鄒勁風：《南唐國史》，南京大學出版社，二〇〇〇年。

何勇強：《錢氏吳越國史論稿》，浙江大學出版社，二〇〇二年。

黃永年：《六至九世紀中國政治史》，上海書店出版社，二〇〇四年。

許懷林：《江西史稿》，江西高校出版社，一九九八年。

陳文華、陳榮華主編：《江西通史》，江西人民出版社，一九九九年。

李文瀾：《湖北通史》（隋唐五代卷），華中師範大學出版社，一九九九年。

牟發松：《唐代長江中游的經濟與社會》，武漢大學出版社，一九八九年。

黃玫茵：《唐代江西地區開發研究》，「國立」臺灣大學出版委員會，一九九六年。

〔日〕斯波義信：《宋代江南經濟史研究》（方健、何忠禮譯），江蘇人民出版社，二〇〇一年。

鄭學檬：《中國古代經濟重心南移和唐宋江南經濟研究》，嶽麓書社，二〇〇三年。

陳　勇：《唐代長江下游經濟發展研究》，上海人民出版社，二〇〇六年。

武建國：《均田制研究》，雲南人民出版社，一九九二年。

凍國棟：《唐代的商品經濟與經營管理》，武漢大學出版社，一九九三年。

凍國棟：《唐代人口問題研究》，武漢大學出版社，一九九三年。

田昌五、漆俠主編：《中國封建社會經濟史》，齊魯書社、文津出版社，一九九三年。

胡如雷：《隋唐五代社會經濟史論稿》，中國社會科學出版社，一九九六年。

葛劍雄主編：《中國移民史》（五卷本），福建人民出版社，一九九七年。

江西省交通廳交通史志編輯室編：《江西公路史》第一冊，人民交通出版社，一九八九年。

羅傳棟主編：《長江航運史》，人民交通出版社，一九九一年。

魏嵩山、肖華忠：《鄱陽湖流域開發探源》，江西教育出版社，一九九五年。

陳榮華等著：《江西經濟史》，江西人民出版社，二〇〇四年。

李綿繡：《唐代財政史稿》（下卷），北京大學出版社，二〇〇一年。

張澤咸：《唐五代賦役史草》，中華書局，一九八六年。

張澤咸：《唐代工商業》，中國社會科學出版社，一九九五年。

張澤咸：《漢晉唐時期農業》，中國社會科學出版社，二

○○三年。

　魏明孔：《隋唐手工業研究》。甘肅人民出版社，一九九九年。

　馮先銘主編：《中國陶瓷》，上海古籍出版社，一九九四年。

　余家棟：《江西陶瓷史》，河南大學出版社，一九九七年。

　周鑾書：《景德鎮史話》，江西人民出版社，二○○四年。

　范文瀾：《唐代佛教》，人民出版社，一九七九年。

　郭　朋：《隋唐佛教》，齊魯書社，一九八一年。

　潘桂明：《中國禪宗思想歷程》，今日中國出版社，一九九二年。

　韓　溥：《江西佛教史》，光明日報出版社，一九九五年。

　張　弓：《漢唐佛寺文化史》，中國社會科學出版社，一九九七年。

　吳立民主編：《禪宗宗派源流》，中國社會科學出版社，一九九八年。

　印　順：《中國禪宗史》，江西人民出版社，一九九九年。

　楊曾文：《唐五代禪宗史》，中國社會科學出版社，一九九九年。

　嚴耀中：《江南佛教史》，上海人民出版社，二○○○年。

　段曉華、劉松來：《紅土・禪床——江西禪宗文化研究》，中國社會科學出版社，二○○○年。

　張國剛：《佛學與隋唐社會》，河北人民出版社，二○○二年。

　〔日〕忽滑榖快天：《中國禪學思想史》（朱謙之譯），上海

古籍出版社，二○○二年。

　　徐文明：《中土前期禪學思想史》，北京師範大學出版社，二○○四年。

　　李映輝：《唐代佛教地理研究》，湖南大學出版社，二○○四年。

　　任繼愈主編：《中國道教史》，上海人民出版社，一九九○年。

　　卿希泰主編：《中國道教史》，四川人民出版社，一九九六年。

　　張繼禹：《天師道史略》，華文出版社，一九九○年。

　　郭樹森：《天師道》，上海社會科學院出版社，一九九○年。

　　郭樹森：《道教文化鉤沉》，華夏翰林出版社，二○○五年。

　　孫昌武：《道教與唐代文學》，人民文學出版社，二○○一年。

　　葛兆光：《屈服史及其他：六朝隋唐道教的思想史研究》，三聯書店，二○○三年。

　　趙文潤：《隋唐文化史》，陝西師範大學出版社，一九九二年。

　　徐連達：《唐朝文化史》，復旦大學出版社，二○○三年。

　　傅璇琮：《唐代詩人考》，中華書局，二○○三年。

　　傅璇琮：《唐代科舉與文學》，陝西人民出版社，二○○三年。

　　蔣　寅：《大曆詩人研究》，中華書局，一九九五年。

　　周文英等：《江西文化》，遼寧教育出版社，一九九八年。

朱仲玉：《歷代江西詩人作品選》，江西人民出版社，一九八三年。

賈晉華：《唐代集會總集與詩人群研究》，北京大學出版社，二〇〇一年。

吳海、曾子魯主編：《江西文學史》，江西人民出版社，二〇〇五年。

戴偉華：《地域文化與唐代詩歌》，中華書局，二〇〇六年。

李國鈞主編：《中國書院史》，湖南教育出版社，一九九四年。

鄧洪波：《中國書院史》，中國出版集團，東方出版中心，二〇〇四年。

李才棟：《中國書院研究》，江西高校出版社，二〇〇五年。

楊鑫輝、李才棟主編：《江西古代教育家評傳》，江西教育出版社，一九九五年。

周鑾書主編：《江西歷代名人傳》，百花洲文藝出版社，二〇〇〇年。

李放主編：《江西歷代傑出科技人物傳》，江西科學技術出版社，二〇〇一年。

〔美〕謝弗：《唐代的外來文明》（吳玉貴譯），中國社會科學出版社，一九九五年。

程薔、董乃斌：《唐帝國的精神文明》，中國社會科學出版社，一九九六年。

李斌城等：《隋唐五代社會生活史》，中國社會科學出版社，一九九八年。

徐舜傑主編：《漢族風俗史》（第三卷），學林出版社，二〇〇四年。

李孝聰主編：《唐代地域結構與運作空間》，上海辭書出版社，二〇〇三年。

劉沛林：《風水·中國人的環境觀》，上海三聯書店，二〇〇二年。

劉佐泉：《客家歷史與傳統文化》，河南大學出版社，二〇〇三年。

周紹良：《唐代墓誌彙編》，上海古籍出版社，一九九二年。

陳柏泉編著：《江西出土墓誌選編》，江西教育出版社，一九九一年。

杜文玉：《唐五代時期江西地區社會經濟的發展》，《江西社會科學》一九八九年第四期。

周振鶴：《唐代安史之亂和北方人民的南遷》，《中華文史論叢》一九八七年第二、三期合刊。

張澤咸：《試論漢唐間的水稻生產》，《文史》第十八輯。

虞文霞：《唐代江西農業經濟發展芻議》，《農業考古》二〇〇四年第一期。

張澤咸：《唐代的誕節》，《魏晉南北朝隋唐史資料》第十一期，武漢大學出版社，一九九一年。

張澤咸：《唐代的節日》，《文史》第三十七輯。

張澤咸：《漢唐時期的茶葉》，《文史》第十一輯。

王洪軍：《唐代的茶葉生產——唐代茶業史研究之一》，《齊魯學刊》一九八七年第六期。

方　健：《唐代茶產地和產量考》，《中國社會經濟史研究》一九九三年第二期。

陳偉民：《唐宋時期的漁業生產》，《農業考古》一九九四年第三期。

保　全：《西安出土唐代李勉進奉銀器》，《考古與文物》一九八四年第四期。

盧兆蔭：《試論唐代的金花銀盤》，《中國考古學研究——夏鼐先生考古五十年論文集》，文物出版社，一九八六年。

彭適凡：《再論古代南昌城的變遷與發展》，《南方文物》一九九五年第四期。

許懷林：《唐末五代的北人南遷及對江西地區的影響》，載《慶祝鄧廣銘教授九十華誕論文集》，河北教育出版社，一九九七年。

周兆望：《青史憑誰定是非——評宋齊丘的歷史功過》，《南昌大學學報》二○○二年第一期。

許懷林：《唐末五代江右豪傑的影響與沉浮》，《江西師範大學學報》二○○三年第四期。

江西文庫 A0701A10

江西通史：隋唐卷　下冊

主　　編	鍾啟煌
作　　者	陳金風
責任編輯	楊家瑜
發 行 人	陳滿銘
總 經 理	梁錦興
總 編 輯	陳滿銘
副總編輯	張晏瑞
編 輯 所	萬卷樓圖書股份有限公司
排　　版	菩薩蠻數位文化有限公司
印　　刷	百通科技股份有限公司
封面設計	菩薩蠻數位文化有限公司

出　　版　昌明文化有限公司

桃園市龜山區中原街 32 號

電話 (02)23216565

發　　行　萬卷樓圖書股份有限公司

臺北市羅斯福路二段 41 號 6 樓之 3

電話 (02)23216565

傳真 (02)23218698

電郵 SERVICE@WANJUAN.COM.TW

大陸經銷　廈門外圖臺灣書店有限公司

　　電郵 JKB188@188.COM

ISBN 978-986-496-183-2

2018 年 1 月初版

定價：新臺幣 340 元

如何購買本書：

1. 轉帳購書，請透過以下帳戶

　合作金庫銀行　古亭分行

　戶名：萬卷樓圖書股份有限公司

　帳號：0877717092596

2. 網路購書，請透過萬卷樓網站

　網址 WWW.WANJUAN.COM.TW

大量購書，請直接聯繫我們，將有專人為您

服務。客服：(02)23216565 分機 610

如有缺頁、破損或裝訂錯誤，請寄回更換

國家圖書館出版品預行編目資料

江西通史 隋唐卷 / 鍾啟煌主編. -- 初版. --

桃園市：昌明文化出版；臺北市：萬卷樓

發行, 2018.01

　　冊；　公分

ISBN 978-986-496-183-2(下冊：平裝)

1.歷史 2.江西省

672.41　　　　　　　　　　107001859

本著作物經廈門墨客知識產權代理有限公司代理，由江西人民出版社授權萬卷樓圖書
股份有限公司出版、發行中文繁體字版版權。

本書為金門大學華語文學系產學合作成果　　　校對：陳裕萱／華語文學系二年級